合作的力量

打造高效能团队

【美】西娅·辛格·斯皮策
（Thea Singer Spitzer） 著
范曦翌 译

ZHEJIANG UNIVERSITY PRESS
浙江大学出版社

所获赞誉

THE
POWER
OF
COLLABORATION

这本书的优点是，斯皮策博士给我们提供了实用工具，以提高我们公司员工的合作质量。

——鲍勃·拉普（Bob Rapp） IBM 全球副总裁

在我们今天所处的大变革时代，人们对如何进行有效协作有很多误解。在《合作的力量：打造高效能团队》中，斯皮策博士阐述了具体的策略，可以帮助人们在团队协同工作以获得更好的结果方面取得切实的改进。很多公司的现实案例都证明了这一点。

——吉姆·迪布瓦（Jim Dubois） 微软首席信息官

对于那些考虑加强团队之间协作的人来说，《合作的力量：打造高效能团队》是一个清晰、有趣、便于阅读的权威指南。利用在硅谷的工作经验和她自己的专业知识，斯皮策博士为读者提供了令人信服的、实用的、能够促

进组织协作的、有前途的框架。作者清晰的写作风格，加上实用的技巧和案例，使阅读本书成为一种愉快而富有洞察力的体验。

——约舒亚·埃利亚斯贝格（Jehoshua Eliashberg） 沃顿商学院营销、运营、信息和决策教授

作者西娅·辛格·斯皮策多年来致力于探寻全球知名企业成功背后那些鲜为人知的故事。在科技领域，我们也能看到心怀大志的个人通过合作联系在一起，并相得益彰的情形。在推动个体发展的同时，让他们团结一心，朝着共同目标前进，这正是斯皮策所提出的'硅谷合作模式'的真谛。所有希望运用这些策略的读者都能从《合作的力量：打造高效能团队》一书中获益，因为它囊括了许多实用的团队合作案例与实践。

——拉斯·肖（Russ Shaw） 伦敦科技倡导组织（Tech London Advocates）和全球科技倡导组织（Global Tech Advocates）创始人

书中提出了一整套成功合作的方法，在任何企业中都适用。来自其他企业的观点和经验尤其重要！

——艾米·汉珑-罗德米希（Amy Hanlon-Rodemich） 里程碑科技（Milestone Technologies）分管人力运营的执行副总裁

《合作的力量：打造高效能团队》是一本见解深刻、充满干货的指导手册，记录了斯皮策博士针对小型或大型企业如何改善合作所提出的改革方法。运用这些方法，定能实现更好的团队合作。

——达雷尔·布雷根（Darrell Blegen） 菲纳格拉夫（Finagraph）金融数据首席产品官

目　录

THE
POWER
OF
COLLABORATION

导　言

协调员工工作

THE
POWER
OF
COLLABORATION

想象一下，一个知名爵士乐队的 8 位音乐家正在排练新曲。如果聆听他们每个人的独奏，你无疑会听到 8 位水平高超的音乐家分别在演奏自己的部分，听上去都不错。

　　接着他们开始合奏，你突然被深深地吸引了：你能感受到音乐仿佛有了生命力，这不单单是几位高水平的音乐家聚到一起，而是他们的演奏融合成了一曲饱满且统一的旋律。音乐家们以独特的方式进行着相互的交流，这就是所谓的"乐感"。

　　你也可以想象一下不同行业中的职场团队，他们可能合力将各种零部件组装成 iPad，或是合作编写出报税软件 TurboTax，还可能共同组建一支冠军篮球队。而作为企业员工和管理者，我们的工作则是将个人和团队的工作结合到一起，进而谱写出美妙的"合奏"。

　　如果发挥出色，上文提到的爵士乐队也许能够让听众陷入狂欢，或是赢得格莱美唱片奖，同理，那些职场团队也可能获得众多客户、员工和股东的青睐。反之，如果他们不能很好地完成工作，那么合作的成果可能就是产生平庸甚至失败的产品。在企业中，这种失败太常见了。个人和团队在相应的领域或许都非常具有竞争力，但如果不能相互合作，就无法获得最好的成果。

在过去的数十年中，人们为加强职场合作已经做了许多努力，但仍有一些问题始终困扰着员工和管理者们，"如何让员工合作无间"就是其中之一。在这方面我们做得还不够，如果继续使用现有方法，我们就无法从根本上解决这一难题。因此我们需要新的模式。

一种全新的合作方法

我在近 30 年的管理顾问工作过程中养成了许多专业特长。有些特长是因为企业需要某方面的协助，也有些特长是出于我自身的热情培养出来的，我在合作方面的专长则是两种理由兼有。我为不同行业的众多企业员工提供帮助，让他们通过合作取得更好的成果。我为微软和电信业巨头威瑞森（Verizon，原 GTE 公司）创设的合作计划也成功获奖。

在与一家旧金山湾区的企业共事多年后，我发现他们员工的合作方式与其他企业有所不同，而这也是如今硅谷企业发生神奇变化的源头。我根据观察和经验提出了"硅谷合作模式"（SVAC），并与 28 位硅谷企业的领导者进行了对话，从而进一步完善了这个模式。本书的目的正是让其他企业能够借鉴这种合作模式，帮助员工通过合作取得成功。

硅谷有何特别之处？

"硅谷"之名起源于 20 世纪 70 年代，代指美国旧金山湾区南部的一片区域，因当时有多家硅芯片生产商集中坐落于此地而得名。随着时间推移，北至旧金山市，南至圣何塞大都市区，再加上东海湾大部狭长地带的区域，目前都已纳入硅谷的地理区划。

随地域一同发展的还有硅谷的象征意义。如今的硅谷不仅是科技、生物技术及其他高新技术产业的代名词，更成为一种工作和生活方式的独特象征。

硅谷以"盛产"复杂且成功的企业而闻名：

▶ 硅谷仍是最具创新精神的地区之一，其人均专利保有数量超过全球其他任何地区。

▶ 硅谷所获的投资资本仍多于其他任何大都市区。

▶ 硅谷的生产总值在全球前 300 大都市区排名中位列第三。

▶ 硅谷是加利福尼亚州 GDP 能够在全球经济体中排名第六位的重要原因。

众所周知，硅谷在科技、太阳能、高质量医疗、制药等众多领域都追求能够改善生活的尖端创新，有数百万人投身这些领域。

许多人都想知道硅谷企业成功的秘密，而其中的重点之一就是企业员工独特的合作方式。硅谷企业成功的原因在于，他们并不一味遵循现有的商业模型和模式。相反，他们在无意识中建立着一套新的合作模式。我将会解释这种新模式，并展示如何将其运用在其他任何公司上，从而获得成功。

硅谷的合作模式为何与众不同？许多硅谷企业的员工对待合作的态度都很务实，他们注重成果。他们知道大家应当相互分享观点、借鉴知识、开诚布公地探讨问题，这样才能取得更好的成果。

硅谷企业的员工同样理解合作可能产生的负面影响。他们知道当参与人数增加，尤其是大家意见不一时，工作周期可能会延长。他们也明白协助他人可能意味着暂时无法专注于自己的工作。但在权衡得失后，他们认识到只要方法正确，合作带来的益处肯定远大于弊端。

所幸，并非只有硅谷的企业能从合作中获益。硅谷的合作模式可以应用于任何地区的任何企业，并促其成功。本书将为你详细介绍"硅谷合作模式"，并辅以大量成功的合作案例。

现在正是绝佳时机

新的合作模式在当下尤为重要。在美国，选择亲近理念相似者、疏远理念不同者的人数正逐年上升，这种因意见不合而引起的失睦也已经影响到了职场关系，使原本相互合作的员工关系破裂并产生不信任。有时，员工会形成"我们与他们对立"的思维定式，进而发展成互相孤立的小团体，导致合作更加艰难。

人们想要改变这个现状。有人认为改善合作的前提是消除分歧，但事实并非如此。成功的合作恰恰需要各方开诚布公地交流自己的深刻见解、建立互信，并在此基础上将不同的观点整合为最佳的解决方案。本书中提供的合作模式将从理论和实践两方面帮助你弱化分歧，并减少"我们与他们对立"的思维，同时建立推崇合作的企业文化。

你将在本书中学到什么

第一章将介绍合作的定义，并揭示合作对于任何企业都具有重要的意义。

第二章将提出一些合作达人归纳的关键特质和观点，有些可能会出乎你的意料。

第三章将走进硅谷的世界，通过几位企业领导者分享的成功合作案例，深化你对企业合作的了解。

第四章将对"硅谷合作模式"进行解读，包括该模式的概述和三个层面的关注重点，即个人技能、团队方法和企业实践。

本书的剩余章节将分别从个人技能、团队方法及企业实践这三个方面对"硅谷合作模式"进行深入分析，告诉你如何将其活用到自己的企业中。其中，第五、第六、第七章将探究个人技能；第八章和第九章将阐述团队方法；而第十、第十一、第十二章将聚焦企业实践。第十三章将揭露采用"硅谷合作模式"后应运而生的企业"合作精神"这一秘密武器。最后，第十四章将总结并为企业的后续运作提供建议和指导。

协力的硅谷企业领导者

写作期间，我采访了 28 位硅谷企业领导者，他们非常慷慨地分享了自

己的经历。正是有了他们的贡献，才使本书更为鲜活。你一定迫不及待地想

知道参与的领导者都有哪些吧？在下面的表格中你就能找到答案。

本书所采访的领导者及其任职企业

受访的领导者	任职企业
吉塞拉·布谢（Gisela Bushey）	闪迪（SanDisk）
亚当·克拉克（Adam Clark）	艺电（Electronic Arts）
约翰·唐纳森（John Donaldson）	潘多拉（Pandora）
玛丽安·弗兰克（Marianne Franck）	思科系统（Cisco Systems）
豪尔赫·格拉斯科克（Jorge Glascock）	基因泰克（Genentech）
麦克·格拉斯（Mike Glass）	微软（Microsoft）敏捷软件开发
艾米·汉珑·罗德米希 （Amy Hanlon-Rodemich）	里程碑科技（Milestone Technologies）
道格·哈斯勒姆（Doug Haslam）	卢西德汽车（Lucid Motors）
杰克·哈夫曼（Jake Huffman）	财捷（Intuit）
基里安·屈纳（Gillian Kuehner）	凯撒医疗（Kaiser Permanente）
吉姆·玛格拉夫（Jim Marggraff）	谷歌（Google）
迈克尔·穆里干（Michael Mulligan）	技工银行（Mechanics Bank）
劳伦斯·内森（Lawrence Nathan）	凯撒医疗（Kaiser Permanente）
杰森·斯科维尔（Jason Scovil）	脸谱网（Facebook）
保罗·瓦伦帝诺（Paul Valentino）	兰巴斯（Rambus）
穆尼尔·比曼尼（Munir Bhimani）	MBLOGIC LLC
罗恩·利克蒂（Ron Lichty）	罗恩·利克蒂（Ron Lichty）咨询公司
克林特·林奇（Clint Lynch）	硅谷行政部门
玛德琳·施罗德（Madeline Schroeder）	顶尖学习（StudyAce）
拉斯·肖（Russ Shaw）	伦敦科技倡导组织（Tech London Advocates）和全球科技倡导组织（Global Tech Advocates）
道格·沃尔顿（Doug Walton）	DNA 全球网络（DNA Global Network）
金伯利·威福林（Kimberly Wiefling）	硅谷联盟（Silicon Valley Alliances）

虽然只列出了参与者接受采访时所属企业的名称，但在采访中他们多数人的回复都分享了当事人任职其他硅谷企业时的经历。这些领导者们分享的案例反映的都是他们自身的观点，并不代表其所属企业的官方意见。经过协商，部分受访者同意公开姓名和所属企业名称。为保护企业和员工隐私，书中将隐去其余受访者的信息。

22 位公开姓名的领导者和剩余 6 位匿名领导者都对硅谷企业推广员工合作的方法有着深入了解。他们的职位各不相同，年龄也相差较大，目前任职的企业员工人数更是从几百人到超过 10 万人不等。有些企业只在硅谷办公，也有些企业足迹遍及全美乃至全球各地。这些企业分属社交媒体、娱乐、医疗、制药、汽车、金融、电子、游戏、玩具、科技、零售、贸易等诸多领域。

读完本书后，你将了解到一种能够满足大多数企业需求，增强企业凝聚力的实际合作模式。当然，我不会反复强调那些破坏合作关系的引申体系问题和行为。我们大都清楚这些情况所造成的困扰，无须过多重申应当避免的问题，因此本书的重点在于如何加强合作。

下面就让我们进入正题吧。

第一章

合作的力量

THE
POWER
OF
COLLABORATION

我们所知的许多事物都是由人们的合作而产生的。例如，美国的宪法是由 39 名代表共同起草的；居里（Curie）夫妇因其对放射性的研究发现而一同获得诺贝尔奖；詹姆斯·沃森（James Watson）、弗朗西斯·克里克（Francis Crick）与莫里斯·威尔金斯（Maurice Wilkins）三人发现了脱氧核糖核酸（DNA）的奥秘；此外，由约翰·列侬（John Lennon）、保罗·麦卡特尼（Paul McCartney）、乔治·哈里森（George Harrison）及林戈·斯塔尔（Ringo Starr）组成的"披头士"乐队引领了流行音乐的革命。

企业中的合作也同样至关重要，领英（LinkedIn）就是一个绝佳案例。在创立伊始及后续运营过程中，合作让领英走上了完全不同的发展道路。里德·霍夫曼（Reid Hoffman）原先准备独自创业，但他很快意识到，集结众人的力量更有可能闯出一片天地，他也确实成功了。目前，领英已经在全球拥有了 5 亿个注册用户，而合作如今也依然是领英员工完成工作的关键秘诀。

正是由于人们成功地将个人的专业特长融合成集体智慧，从而实现那些伟大的发明和发现，才成就了我们今天的世界。

合作是人的天性。早在距今一万年前的原始农耕时代，就有证据表明，当时的人类以群居和相互协作的方式生存。那时候人们就已经意识到，比起独自生活，集合大家的天赋和资源是更好的选择。

尽管人们早就深知合作的优点并付诸实施，但真正开展职场合作并以此提高工作效率的做法却只有数十年的历史。20世纪中期以来，企业领导者们开始尝试让员工进行更为有效的合作。但这并不等同于组建团队来完成所有工作，或反复讨论某项议题直到意见完全一致。合作的意义其实很简单，那就是一同创造比个人所能达到的成就更高的价值和成果。

企业准则

相比于"企业运营情况好吗"这样的问题，我们更应该思考的是"能不能做得更好？"能够坦率声称自己已经做到最好的企业可以说是凤毛麟角，因为无论一家企业多么成功，它总还有提升的空间。

通过创新使客户满意的需求始终存在，但这与合作有何关系呢？市场营销专家约翰·沃德（John Ward）就指出："创新与合作的关系就像……蝙蝠侠与罗宾那样，他们二人总是形影不离……而创新与合作结合也能产生相辅相成的效果。"

想象一下，几位知名大厨共同负责一次特别活动的宴席烹饪工作。如果让他们按分配的菜肴类别（开胃前菜、汤、沙拉、主菜、蔬菜和甜品）各自准备自己最拿手的一道招牌菜，结果会如何？由于厨师们没有时间相互沟通并列出一份搭配合理的菜单，这场宴席很有可能无法令客人满意。

也许你认为这个例子太过牵强，在现实中不太可能发生，但事实上类似的真实案例数不胜数，且至今仍在不断重演。想想看，如果大厨们能事先商定好菜单内容，让每道菜不仅味美，而且能与其他菜肴合理搭配，那他们一旦发现某道菜不适合宴席主题，就能及时更换菜品。

大量研究表明，员工们也相信合作能让企业变得更好。麦肯锡（McKinsey）2005 年的一份季度研究显示，80% 的高级主管认可成功合作在产品、职能和地域部门的重要性，但只有 25% 的高级主管认为自己的企业在这方面采取了足够有效的措施。

该研究发表后，人们对如何进行合作有了更多了解，但仍有很大的改进空间。在 2015 年的一项调查中，许多企业的高级管理层依然将"员工合作不佳"列为阻碍企业成功的最大威胁之一。

好消息是，大部分人如今都已经意识到了合作的重要性。企业在尝到合作失败带来的苦果后，就会着手应对。多数企业领导者会试图让员工在必要时进行合作，这已经比过去有了长足的进步。例如，工程师、市场营销专员及金融和其他部门的专家会更频繁地在产品设计、制造和销售等环节开展合作，从而使客户满意。

问题在于，仅仅让员工一起工作并不能保证他们能够自然而然地产生集体智慧。企业应该帮助员工，让他们在合作时更高效。当员工合作无间时，就会产生良好的化学反应。个人会成为"更大思维的一部分……创造出更强的集体头脑"。而这就是有效合作的真谛。

合作的定义

如何定义合作？继续阅读前，请你思考一下这个问题。

下面我们来看看一些硅谷企业领导者是怎样定义合作的：

▶ "合作是大家自发地一起工作，是作为一个团队为企业做出贡献。"

▶ "合作是企业领导者与员工一同参与，共享信息、观点、目标等几乎所有的事……透明度很重要，这样人们才能开阔视野、捕捉细节。如果出现问题或挑战，就共同解决它们，而不是互相埋怨。"

▶ "合作对象不仅限于我们自己的职能团队，还包括领导、下属、企业内部和外部的其他人……合作就是从整体的角度看待问题并进行沟通，找出克服阻碍的方法；提出好主意而不是抹杀它们。"

▶ "合作就是问自己'有什么能帮忙的？''怎样更快建立信任关系？'而不是'一个人怎么解决问题？'"

▶ "合作是一种分享，它能让团队更高效、更创新，取得更好的成果。"

硅谷企业的成功秘诀之一就是对合作有着细致入微的理解，整个企业的员工都能认识到合作与知识整合的重要价值。

本书将"合作"定义为："有愿望和能力将个人的想法与努力凝聚成'集体头脑'，创造出比个人所能达到的成就更好的成果。"

有时，通过合作可以取得更好的成果；有时，独自工作则是最佳的选择。当合作的获益更大时，我们需要合理利用每个人的力量，从而帮助我们实现共同的目标。

本书的互动性

本书的目的不仅仅是介绍合作的概念，更在于教导你如何使用它。为此，我将在各个章节中穿插一些推荐练习，帮助你运用相应的概念。这些内容会放在带有底色的文本框中，并注明"实践应用"。我鼓励你在专用工作簿或日记本上记录下自己的答案。

在第十四章，我会帮助你将脑中的想法总结成一份你所在企业当前合作情况的说明。我还会分享一些可以帮助你的企业产生质变并建立更好合作的关键步骤。一旦员工能够清楚认识到哪里还有提升空间，并且怀有一腔主动求变的热情，企业往往就能够发生根本的变化。通过观察和理清思路，你就可以让自己的企业更成功地将员工的智慧融合到一起。

> **▶ 实践应用**
>
> 我已经分享了硅谷企业与本书对合作的定义，现在请完成首个练习。在你的企业中找到 5 位同事，并听一听他们对于合作的定义。询问不同对象，不要局限于你的朋友或想法与你类似的人。尝试询问不同级别的管理人员和非管理岗位的员工。
>
> 在工作簿中记录下他们的回答，这就是你的首次作业。思考一下，他们是如何定义合作的？他们的回答是否统一？从他们的回答中反映出你的企业对待合作有着怎样的普遍态度？这种普遍态度是促进还是阻碍了员工的合作？

一个合作困境的案例

接受采访的一位领导者向我讲述了在他曾经任职的企业遇到的一次产品研发困境。该企业的一款儿童电动玩具非常畅销，因此他们希望尽快推出下一款旗舰产品。

企业组建了一个跨职能团队来设计下一款玩具。经过调研和测试，他们向管理层提出了一个团队认为颇有前景的方案，并得到了批准。但没想到，客户对样品的反馈却很差，这让他们感到吃惊。

孩子们的母亲纷纷抱怨该产品售价过高，且用来与玩具互动的控制棒造型太像枪支了。除此以外，她们还提出了许多其他不满之处。

尽管收到了这些负面评价，但管理层仍相信该玩具市场潜力巨大，于是他们花了大量时间重新设计了控制棒。不过很遗憾，第二轮客户反馈的结果依旧很差。

虽然进行了紧急磋商，但管理层始终坚信这款玩具能够成功，于是设计团队进行了更多调整，甚至还专门聘请了一位顾问，然而负面评价仍未得到改善。后来他们才意识到问题所在：管理层极力想完善产品，却忽略了母亲们对于价格虚高的反馈。最后，企业做出艰难的决定，该项目宣告夭折，此时距离项目启动已经过去了两年。

成功的职场合作有时能够直接诞生好的产品，有时却需要团队意识到某项决定不奏效，必须转变策略。本案例中，玩具企业的管理层就错误地认为设计团队的唯一工作就是把玩具设计好，于是领导者们频繁地发号施令。而设计团队则认为，说服管理层修改定价并非他们的本职，双方的问题叠加才最终导致了失败。

假如设计团队在第一轮顾客反馈时就采取不同的应对措施，并能敏锐地察觉到玩具售价问题不容忽视，那么结果也许会不同。该企业的特点就是在每款玩具中都添加尽可能多的学习功能。这在过去为其带来了成功，新玩具也遵循了同样的设计理念，但大量学习功能拉高了玩具售价，最终超出了顾客的接受范围。

如果团队有机会重来一次，他们也许会找到最能打动家长的玩具功能。然后，就可以设计出一款更有可能为企业创造可观利润，且售价也在顾客承受范围内的玩具。结果就是，这款玩具可能会大获成功。

提高企业内部合作的有效性就意味着增加产生金点子和理想解决方案的可能性，这正是该玩具企业仍需改善的地方。

现在，我们来探讨一下不同行业的企业如何更好地进行合作。

合作在各行各业都能帮助企业达成目标

许多人认为合作是否有效取决于他们的企业所属的行业，但这种观点并不正确。无论身处哪个行业，合作都能在不同方面帮助员工更好地实现目标。下面我会将各种行业分为三类，你可以将自己的企业对号入座。

1. 对管控有高度需求的行业

一些企业提供的产品和服务必须满足严苛的安全标准。大部分此类企业都属于高度监管的行业。他们需要遵照某种流程开展工作，并受到监管。此类企业包括医院、核电站等机构和制药、飞机、汽车及其他需要精确制造的企业。

有人觉得这些要求使员工没有合作的余地，但事实并非如此。即使在此类高度集中管控的企业中，合作仍有益处。

例如，制药行业对药物的制造流程有非常高的管控力度和标准。但是，制药企业中仍有许多领域能通过合作大幅提升效率。假设有一种药物需要在部分病人中进行疗效测试。万一出现可能危及生命的不良反应，你肯定希望由一个相关领域的科学家和医生组成的专家团队来评估并改良药物，现实中的通常做法也正是如此。这个实例就能够极好地体现合作在高度监管行业中的价值。

2. 对管控有中度需求的行业

有些企业为了保护客户利益，会像高度管控的行业那样推行集中流程管理。实施中度管控的行业有金融、公用事业、电信、食品和一些领域的零售企业等。

我们很容易理解银行或公用事业公司需要进行中度管控，但在其他一些企业中，中度管控并非出于行业要求。相反，是由于管理层认识到他们的企业在标准化管理下运作效率最高，也能更好地满足客户对产品质量的需求。芝士蛋糕工厂（Cheesecake Factory）连锁餐厅就是一个例子，它代表了一种新兴的高端餐饮运作模式，在推广标准化运营的同时，在有些方面仍然允许员工灵活进行合作与决策。

根据几年前的数据，该连锁餐厅已经拥有 160 家分店，为顾客提供 300 多种菜品（从比萨饼、甜菜沙拉到味噌三文鱼等应有尽有）。大多数分店在就餐时间都宾客满堂，年均接待顾客8000万人。许多食材都是从国外批发采购的，但菜品味道却并不千篇一律，因为其制作确有独到之处。

各个分店的厨房都是标准化的，食物准备都遵循相同的流程。通过高度的电脑化管理，厨师可以在触摸显示屏上查看顾客点单和对应的食谱，计时器会提示餐点烹饪时间。尽管如此，许多细节问题仍然需要厨师的现场判断，餐厅也乐意接受特殊点单。可见，员工们在尝试推出新的主菜或调整现有菜品的配料等诸多环节上仍有合作的空间。

像芝士蛋糕工厂这样的大型企业将标准化、自定义、员工参与及相互合作成功整合在一起的事例还有很多。其结果就是芝士蛋糕工厂能够为顾客提供符合他们期望的高质量菜品。同样，企业也能够从中获得更高的利润和员工满意度。此类对管控有中度需求的企业如今正越来越多地开始应用这种管理模式。

3. 低管控、灵活度最大的行业

在那些允许对理念和产品进行高度创新的行业，企业员工无须恪守精确和客户保护等要求。服装、家具、家居、电子产品、软件开发等都属于此类行业。部分行业产品能够吸引客户的时间较短，产品更迭较快。这就需要企业能够不断推陈出新，而这些企业也相对更容易从合作中获益。

合作在上述三类行业（高度管控、中度管控、低管控）中都是行之有效的手段。成功的企业会在有助于提升价值的环节让员工开展合作。即使程度和方式各不相同，合作这一事实却不会改变。

> ▶ **实践应用**
>
> 你的企业属于哪一类行业？是高度管控、中度管控还是低管控的？你企业的领导者是否将合作的范围定义得太小，以至于他们没有发现企业中一些本应能够开展合作的环节？

三种不同的合作方式

希望上一节内容能帮助你思考一些新的合作方式，从而在兼顾标准化和集中决策的同时，通过合作取得更大的成功。接着，我们来看看员工合作的几种不同方式。

合作的方式有许多种。总体来说，我们可以将其归纳为三种主要的员工合作方式。这三种方式的一个主要不同点在于，员工在决定下列问题时能够获得多少自由度，即何时进行合作、如何进行合作、与谁进行合作、合作周期多长等。

1. 特定任务的合作

此类合作是由几个专业特长和能力都符合某些特定要求的个人来接手。他们合作进行某项特定任务，完成后解散并各自回归本职工作。这是一种最小范围且最可控的合作方式。员工在决定合作时间和周期时自由度很低。

2. 紧密团结的团队

此类合作出现于协同工作的团队中。通过这种协同合作，团队能够得到一般无法取得的成果，解决他人无法解决的问题，还能产生新的点子或对产品进行改进。

这种合作方式的可控程度低于第一种。团队成员在决定合作时间上有更高的自由度，但仍然存在限制。由于互动是在团队内部进行的，因此员工更容易专注于自己的日常工作。

大多数人认为这样的团队很少见，而且有时他们会把此类团队视为命运的产物，觉得不可能人为创造出默契。正是基于这种思想，企业领导者们经常试图让某个特殊团队在结成后永远保持下去。而本书的目的之一就是揭示这种团队的奥秘并增加它们出现的可能性。

第二种合作方式的一个实例就是苹果的 HomePod 智能音箱。这是一款苹果公司生产的家庭设备，可以通过语音进行控制。苹果并非该领域的先行者，但它通过高度的职能合作，让自己的产品在市场中占有了一席之地。当其他产品都在强调如何响应日常居家控制命令时，苹果设备追求的却是超高的音质。这种战略调整让苹果产品脱颖而出，并成功打入了这个新的市场。

3. 全方位合作

此类合作是受控最少的合作方式。企业鼓励每个人在情况需要且能够提升价值时与他人合作。员工被视为相应专业领域的重要贡献者，而他们也愿意暂停手上的工作去协助他人，因为企业的总体目标才是第一位的。

在这种合作方式中，员工能够更自由地决定自己寻求他人帮助或主动帮助他人的时机。员工常常不通过管理层，而是自发地进行相互沟通。

有些企业领导者担心第三种合作方式可能会分散员工的注意力，使他们无法按时完成优先度最高的工作。事实上，如果员工能够充分理解企业的总体目标及自己的工作对实现该目标有何帮助，那么这种担心就是多余的。同时，认清企业总体目标和自身工作的重要性还能帮助员工更好地把握做好自身工作与帮助他人之间的平衡。

三类行业（高度管控、中度管控、低管控）中的成功企业都会使用上述三种合作方式，而具体使用哪种方式要根据实际情况来决定。接受采访的硅谷企业领导者们也印证了这一点。针对不同的情况，他们认为这三种合作方式各有价值。

企业内部的联系

你可以把自己的企业想象成一个拼图游戏，任何团队的工作都是其中的一块拼图。每块拼图（团队）都会与其他四五块拼图（团队）相交汇。我们大都能意识到应当与自己相关的团队紧密合作，但未必能想到我们同样也需要与关系不密切的团队合作，因为这样才能将整块拼图完整地拼接到一起。

回到硅谷企业领导者的采访上，他们就认识到了不同团队之间存在的相互联系。对于所在企业如何看待合作重要性的问题，他们是这样回答的：

▶ "合作当然至关重要。我们企业的性质决定了我们需要相互协助来完成工作……我们必须合作无间。团队之间不能存在'壁垒'。"（壁垒在此处是比喻团队过于自我，认为不必与他人合作或共享信息，从而在自己周围筑起高墙。）

▶ "合作在我们企业的重要性可以排第二位，仅次于账面收益。我们提供的产品和解决方案很复杂，因此需要在工作内容、方法和结果上全都达成一致。"

▶ "个人无法预测周围的所有状况，所以合作很重要。"

▶ "合作对于知识工作者是必不可少的。我们只有通过合作才能达到企业目前的工作效率和节奏。"

> ### ▶ 实践应用
>
> 你已经了解了硅谷企业领导者对合作重要性的认识，对此你有何感想？询问他人对合作与企业成功的态度。他们是否认为所在企业的员工大都会分享看法？你可能会听到大相径庭的回答。有人可能会说："员工更希望独自完成工作。"也有人会说："员工了解与同一团队的成员相互合作的重要性。"还有人也许会觉得："大部分员工知道与他人交换意见很重要。"你企业的员工有何表态？你企业的文化是否强调了合作对企业成功的重要意义，抑或是认为合作会产生问题，需要尽量限制合作？你的企业是否更愿意使用三种合作方式（特定任务的合作、紧密团结的团队及全方位合作）中的某一种或两种，或是三种全都使用？同样将你的观察和询问结果记录在工作簿中。

在第二章，我将探讨合作者的重要共性特征。你可能觉得难以置信，完全不同群体的人为何会拥有同样的重要特质？但这的确存在，而且这些特质正是决定合作成功与否的关键要素。

第二章

硅谷合作者的特征

THE
POWER
OF
COLLABORATION

我发现许多硅谷企业中精于合作的员工都有以下 6 个基本特征：

▶ 有取得成功的动力；

▶ 希望做出有意义的贡献；

▶ 坚持不懈；

▶ 接受差异；

▶ 渴望坦诚的沟通；

▶ 认清企业目标。

下面让我们逐条进行分析。

1. 有取得成功的动力

对成功的渴望牢牢扎根于许多硅谷企业员工的心中。当然，人们对成功的含义有不同的解读。有人认为成功意味着加入全美职业工程师协会（National Society of Professional Engineers）；也有人将出任副总裁级别的职位视作成功；还有许多人将成功与经济收益挂钩。但无论成功代表着什么，它们都存在着共性，那就是员工都有一种追求成功的内在动力。

并非所有身处硅谷的人都想要创办自己的企业——有些人会挖掘新的客户需求并有针对性地成立自己的企业；也有些人选择加入鼓励创新的企业，投身新产品的研发工作……但不管从事什么职业，这些员工为了实现目标，通常都愿意比他人更加努力地工作。

一位硅谷企业领导者在总结一个非常艰巨的项目时说："我们对项目成果感到非常骄傲，但我们并不完全满意。"我问他何出此言，他解释说，虽然项目取得了巨大成功，但他的企业仍要求员工以批判的眼光重新审视自己的工作，寻找做下一个项目时可以改进的环节。他很欣赏这一点，因为这能够激励他每次都尽可能做到最好。除此之外，硅谷企业鼓励员工发挥内在动力，追求成功的例子还有很多。

2. 希望做出有意义的贡献

所有受访的硅谷企业的员工都告诉我，他们会努力为提高人们的生活水平做出贡献。

正如对成功的渴望那样，"有意义"也存在不同的定义。有人认为"有意义"是治愈囊性纤维化病（cystic fibrosis），还有人相信帮助开发具备全新功能的智能手机才是"有意义的"。但不管如何定义，这种共性特征都代表了一种希望参与到改善人们生活的工作中去的愿景。

一位领导者说："我们想确认自己的工作除了创造利益之外还有其他目的。没人愿意每天仅仅为了赚钱而拼命工作。"如果员工对他们的工作成果和其对全社会的积极意义充满热情，那么他们就会专注于达成目标，而不是开小差去想下次休假的目的地。

硅谷的国际知名人力资源专家约翰·沙利文（John Sullivan）博士通过对苹果和脸书（Facebook）的研究也证实了这一点。他表示："这两家企业能够吸引和留住员工的首要原因不是免费通勤或工作餐，而是……他们的工作能够影响世界。"

3. 坚持不懈

硅谷企业员工的第 3 个共同特征在于他们将工作视为有待解决的谜题。员工把问题和障碍当作有趣的挑战来对待。好奇心和热情能够激励他们坚持不懈地开展工作，从而在遵守时限和其他限制的同时找到最佳解决方案。

一位硅谷企业领导者讲述了一段经历：当时他的项目团队被要求找出导致软件停止工作的故障原因。他们将代码分成几个部分，每位成员反复校对自己负责的部分，却没能找到问题所在。于是，领导层让他们停止排查并直接删除有关功能。但大家不愿就此放弃，他们知道许多客户都需要这方面的功能。因此他们继续加班加点地工作，并最终得到了回报。在团队找到并修复故障的那一刻，成员们获得了前所未有的成就感。

这种特征让我想到了夏洛克·福尔摩斯。员工喜欢利用侦探般的技能来获得敏锐的洞察力，并提出好的解决方案。他们之所以能够取得成功，部分原因在于传统或通常认为理所应当的事物，在某些特定情况下会阻碍工作的有效开展，而此时这些员工敢于提出质疑。

4. 接受差异

硅谷企业员工人的第 4 个共同特征是愿意平等地接受人与人之间的差异。硅谷企业的员工能够很好地通过知识、技能和贡献等方面来评价他人。对方越是展现出上述工作能力，就越能够赢得员工的信任和尊重。这些员工不会轻易根据与工作表现无关的特征（如性取向和国籍等）来评判他人。

在许多其他企业中，评价员工时往往会更优先考虑年老、年轻或同性恋等因素，而非工作表现，某些员工只能通过加倍努力工作来获得尊重。这是不应该的，因为员工的评判标准与其工作能力和业绩不相关。尽管硅谷企业比其他一些企业更能够接受这些差异，但坦白说，他们的文化还尚未认同所有的员工群体。硅谷企业在招聘、留用和提拔女性及某些种族的员工方面仍有待提高。虽然各方已经采取了诸多措施并取得了一定成效，但女性和一些有色人种要想获得成功，前路依然坎坷。

即便如此，硅谷企业的员工仍旧比其他很多人更能接受差异。这与合作有何关联？员工们愿意面对而非回避差异，他们也愿意接受他人提出的不同想法和观点。

一位与本地公司合作的硅谷企业顾问表示："在棒球比赛中，不会派 9 个捕手上场，因为这样永远赢不了。你必须充分利用好队员之间的差异。"

她解释说，如今人们更擅长认清工作中需要的技能，并忽略其他与员工竞争力无关的因素。"从前企业人为地根据个体差异对员工进行区分，而现在技能和竞争力才是最重要的。"

5. 渴望坦诚的沟通

硅谷企业员工的第 5 个共同特征是坦诚沟通。那些与硅谷企业一样具有远见的人渴望进行坦诚的交流，即使意见不一致也能诚实地表达自己的观点。他们在讨论时注重的是直奔主题、直言不讳和尊重不同意见，而不是人身攻击。人们更愿意在没有阻碍的情况下遵循自己的理念来探究议题。尊重既是此类对话的前提，也是对话得到的结果。以人们遵守基本的文明素养为前提，才能开展对话，而经过对话，人们也能进一步建立起对他人的尊重。

6. 认清企业目标

硅谷企业员工的第 6 个共同特征是认清企业的发展目标。那些推崇合作精神的硅谷企业员工更能够理解企业的总体目标，以及他们自己的工作如何为实现这些目标做出贡献。

许多企业的领导者都试图让员工对工作充满热情，因为这种热情可以让项目工作更为有趣，使员工更容易获得成功，并提高他们努力工作的积极性。然而，一个难以预料的副作用是，如果情况出现变化，需要搁置该项目，那么这种热情往往会让员工难以放弃他们已经为之付出的努力。在许多企业中，当员工投入大量精力参与工作，项目却不得不中断时，他们会觉得遭到了背叛。

硅谷企业的员工能够看到更远大的目标，并把自己视为这些目标的拥有者。因此，他们愿意在需要放弃已经做了大量工作的项目时主动转变方向。

旧金山的独特历史

上述这些合作者的共性特征为何在硅谷企业员工身上如此显著？我发现许多特征早在硅谷出名前，就已经是旧金山湾区文化的一部分了，有些甚至可以追溯到 19 世纪 50 年代的淘金热时期。

1848 年发现黄金后，旧金山湾区就成了一个非常受欢迎的迁徙目的地。根据美国的人口普查，旧金山的人口从 1846 年的 200 人飙升到了 1852 年的 3.4 万人。这一地区吸引了大量想要靠淘金致富的人，因此也引申出了另一种类型的企业家。他们看到了更大的潜力，于是通过开办企业来帮助那些淘金者追求梦想。

那些早期的企业领导者们拥有取得成功的动力，愿意努力工作来实现目标。下面的几个例子将说明上述 6 种特征是如何体现在这些领导者身上的。

伊西多尔·布丹（Isidore Boudin）是一位来自法国的面包师。他于 1849 年将家族的专业技能带到了北加利福尼亚州，在那里创办了一家面包店。伊西多尔和妻子努力工作，他们的生意大获成功。他去世后，他的妻子和女儿继承了这一生意，如今这家店的面包因其独特的风味和质地已经家喻户晓。布丹面包店的酸面包至今仍是旧金山的招牌产品，而该店也是旧金山历史最悠久的一直在运营的企业，这一点值得自豪。

李维·斯特劳斯（Levi Strauss）于 1846 年从德国巴伐利亚前来投奔他的两个哥哥，他们当时在纽约市经营一家干货批发企业。1853 年，李维把家族生意带到旧金山，准备在淘金热中大赚一笔。他离开了哥哥的企业另起炉灶，为从事体力劳动的人生产牢固耐穿的长裤。最终，他与内华达州的客户合作，采用一种新工艺让裤子的穿着寿命更长。蓝色牛仔裤就此诞生。此后，李维·斯特劳斯公司（Levi Strauss & Co.）发展成为美国最大的长裤生产商。斯特劳斯先生也非常热衷慈善，他时常为改善社区和居民的生活做出贡献。

1850 年，14 岁的詹姆斯·福杰尔（James Folger）和两个兄弟在经历了一场烧毁家园的大火后，从马萨诸塞州一同移居旧金山。在抵达这个令人兴奋的西海岸城市后，他的兄弟们出发去金矿淘金，而詹姆斯则在先锋蒸馏咖啡及香料磨坊（Pioneer Steam Coffee and Spice Mills）找到了一份工作。4 年后，他的辛勤工作帮助他成了企业的合伙人，一切都很顺利。然而随后内战爆发，经济崩盘，企业宣告破产，但詹姆斯仍坚持不懈，努力偿还债务，并收购了其他合伙人的股权。最后，他终于等来了按照自己想法自由运营业务的那一天。他发明了一种品鉴咖啡豆的特殊技术，使咖啡味道更香醇。詹姆斯于 1889 年去世，临终前他给儿子写了一封信，嘱咐他牢记：声誉永远比利润更重要。

除了这些商人以外，还有很多其他案例的主人公也都体现出了本章节所探讨的合作者的特征：取得成功的强大动力，做出有意义贡献的愿望，以及坚持不懈的精神。

第 4 种特征——接受差异——也是旧金山湾区的一个关键特质。该地区历来欢迎不符合主流标准的个人和团体。在淘金热时期，该地区吸引了许多人前来，因为这里对那些在宗教信仰和其他传统方面非主流的少数派群体同样开放。

与纽约市的格林威治村一样，旧金山在 20 世纪四五十年代成为"反传统"运动的中心。由于不适应本国主流的中产阶级刻板的价值观，一群 20 多岁的年轻人成了"垮掉的一代"。劳伦斯·费林盖蒂（Lawrence Ferlinghetti）就是当时参与"避世运动"的典型代表之一。他撰写了许多畅销书，并于

1953 年在旧金山创办了城市之光（City Lights）书店。城市之光是这场"避世运动"的避风港，如今依然生意兴隆。

旧金山在 20 世纪 60 年代又再度引领了新的社会变革。由于开放的城市精神，嬉皮士（Hippies）被大量吸引而来。20 世纪 70 年代，旧金山已经成了同性恋权利运动的中心，卡斯楚区（Castro）发展为一个城市的同性恋村。这 10 年也见证了几位公开的同性恋政客的当选过程。

这种接受差异的思想发源于淘金热，并在避世、嬉皮士们和 LGBT（女同性恋者、男同性恋者、双性恋者、跨性别者）的运动中继续发扬光大，同时也扎根于硅谷的企业文化中。它鼓励评价他人时应当根据竞争力而不是与技能无关的方面。尽管要想接受所有的差异依然任重而道远，但这种理念已经影响了硅谷企业的工作环境，让员工对自己的工作更有责任感，也更乐意接受他人的观点。

在硅谷之外同样适用

许多硅谷企业的招聘和培训项目将这些员工的特征包含在内。它们也被整合到员工的绩效评估和晋升考核过程中。

幸运的是，这 6 种特征都不局限于旧金山或硅谷地区，它们同样适用于其他任何地方。这些特征在全球各地的个人和企业中也都有所体现。它们让人们相信，自己可以通过努力工作来取得成功，并与他人共同合作来实现这一目标。

考虑到这些特征是有效合作的重要前提，我建议企业在制定招聘、雇用和奖励机制时尽可能地纳入这 6 种特征。如何做到这一点呢？并不存在什么一刀切的方式，这些特征需要与企业的价值观和工作保持一致（在后文中，我会教你一些能够在企业内部提高合作效果的方法）。

> ▶ **实践应用**
>
> 　　你企业的核心竞争力被应用于员工招聘、培训和晋升时，包含了这6大特征中的几种？面试官有没有衡量应聘者是否有成功的动力？应聘者又是否将工作中的挑战视作等待解决的有趣谜题？这6种特征是否在员工绩效考核中有所体现？你的企业是否通过员工培训来加强坦诚沟通，或将团队项目与企业目标联系起来？

核心理念

　　从亨利·福特（Henry Ford）到莎士比亚，每个成功人士都信奉这一理念："如果你认为自己能够做到，你就真的能够做到，反之亦然。"如果你认为与别人合作能够取得更大的成就，那么你很可能会在一个推崇合作的环境中茁壮成长。而如果你认为你做不到的话，那可能就真的做不到。换句话说，我们对合作的核心理念决定了我们与他人的合作是否有效。

　　在硅谷调研时，除了上文中的6种合作者特征之外，我还发现了员工们一贯奉行的下列5大核心理念：

　　▶ 有些项目需要依靠他人的帮助。有很多项目单凭我个人的知识无法完成。在这种情况下，集合众人的智慧有益于推进工作的进展。有时虽然我有专长，但没有足够时间，那么与他人合作也是有意义的。

▶ 团队成功与个人工作所获得的成就感不同。我能从一个成功的团队项目中获得个人成就感，这与我独自完成某件工作时有所不同。成为集体头脑一部分的感觉很棒。

▶ 合作的一项重要益处在于获得向他人学习的机会。当我和他人一起工作的时候，我能够学到很多东西。即使需要花费更长的时间，这也是值得的。

▶ 合作的另一项重要益处在于教导他人。我很乐意与他人分享自己的知识。这给了我一个教导他人的机会。

▶ 合作等于建立人际网络。通过与他人一起工作并了解他人，我能够扩展自己的社交网络。这个网络在过去和未来都对我很有价值。

> **▶ 实践应用**
>
> 你的企业是否普遍信奉这 5 种核心理念？企业的员工是否对合作抱有复杂的感情甚至是不祥的预感？答案会从侧面体现你企业的员工是否已经准备好进行合作。这是能够帮助你改善企业合作有效性的另一块拼图。

第三章

硅谷成功合作的案例

THE
POWER
OF
COLLABORATION

我在这里与你分享硅谷企业领导者们叙述的 3 个故事，它们都从不同角度让我对合作有了更加生动翔实的认识。希望这些故事对你也有所启迪。

在你阅读时，不妨问问自己："这个故事与我的企业有何相关性？"设身处地地考虑一下你和你的同事在同样情况下会如何决策。你的企业中是否也有类似的合作关系？如果没有，你能设想一下吗？本书将为你展示如何做出改变。

改变产品交付客户的方式

第一个故事的讲述人是一家跨国企业的中层领导，你或许对该企业的产品早已耳熟能详。该企业为客户提供诸多产品和服务。以往，部分产品通过实体方式交付客户，其余则以电子方式交付，但无论哪种交付方式，都存在着不足之处。

企业领导者们早已认识到了这些不足，但他们认为在科技革新到来之前无法做出改变。领导者们知道，当科技进步到达某个节点时，他们的产品交付方式就能够变得更为便捷。

再次审视全局后，该企业终于决定着手升级产品交付系统。他们知道客户会对新系统感到满意。

下文是我对该企业领导有关复杂合作事宜的采访节选。

企业领导：这是一项重大改变。为了顺利推进这项改变，员工需要学习许多新事物，而客户也需要在产品交付方式发生改变后学习如何通过新的途径执行任务。

系统升级完成后还需进行其他项目的更新。我们在梳理了各方面的相关性后，发现这是一项浩大的工程。我们还意识到所有工作都必须在 6~8 个月的期限内完成。

我：在这段时间内完成所有工作是否会很困难？是否会造成额外的压力？

企业领导：对某些企业来说，这或许是个无比艰巨的任务，但我们过去就已进行过此般重大的变革，因此我们知道自己能够成功。与我曾经任职过的其他企业相比，我们企业在执行某项决策时，总是更为灵活、高效。能够如此成功且灵活地完成这样的大型项目，我为企业的运作方式感到骄傲。

我：这种灵活性是否扎根于你们的企业文化中？

企业领导：我们会暂停手中的工作，与负责具体实施的员工讨论决策内容，并通过尽可能多地共享数据和背景资料来确定工作范畴。我们信任自己的员工，信息共享也尽力做到公开透明。企业允许且鼓励员工提出疑问，与领导探讨议题，充分发挥钻研精神。这有助于我们审视并考虑所有的细节，确保企业做出正确的决定。

其他公司则更倾向于单向讨论。他们宣布了一项变革措施，然后就很快停止沟通。我们会让讨论持续足够长的时间，来审视可能存在的问题，并让员工进行补充。一旦讨论结果达成一致，员工们就能立即直接行动起来。他们确定自己的工作内容，并付诸实施。

我：这是否说明，你们没有一个明确的项目管理框架来指导这样的变革？大家是不是直接着手完成自己的工作？看上去结果会一团糟。

企业领导：确实存在项目管理模板，但我们会灵活运用。我们不会完全照搬模板的内容，因为它有时会导致员工无法做正确的事，或是滋生官僚主义。但像这样的复杂项目，一定程度的项目管理是必需的。

我所说的员工直接行动起来是指，他们大多数人在相应领域都有很深的资历（我们更多地聘用资深员工），他们往往经验丰富，可以自行开展工作。他们知道需要什么或是能够很快确定需求，因此能够迅速行动并持续完成工作。

这意味着我们不需要花费大量开支聘请中层管理人员来反复确

认工作是否符合要求，而员工们也无须等待状况更新或领导批准。在我们的企业中，这种做法能够更好地完成日常任务或例子中所提及的此类大型项目。

我：你们有自我管理团队吗？

企业领导：没有，因为这样就矫枉过正了。我们的管理人员在员工总数中占的比例很低，因为这样能够有效减少企业开支。同时，这种举措也能够令员工更满意，因为他们被赋予了更多的决策权，也可以不经管理层批准直接与其他同事开展合作。

人们会选择在合理的时机进行合作。对于我们的员工来说，如果他人不清楚工作目标并为之努力，那么即使并非本职工作，自己也必须加倍努力。因此我们的企业不需要自上而下的管理模式。

我：你们的独特模式奏效吗？员工们能否做出正确决策？

企业领导：通常来说我们的运营模式很有效，这要归功于企业领导者框定好了工作范围。在工作进展顺利时，员工们能够很好地权衡得失。

我：案例中的项目对员工们的其他工作有何意义？员工是否在其他项目的间歇期被指派来完成这个项目，又或是从其他工作中直接被抽调过来？

企业领导：我们会寻找拥有对应专业特长的员工来完成工作。

这些员工手上确实会有各自的工作。如果他们当前任务的截止期限不紧迫的话，我们会暂停这些任务并重新调整其优先程度。

如果有些员工正在负责限时任务，那么他们就必须加倍努力来完成所有指标。这也是我们企业文化的一部分：在需要时，员工愿意在工作中投入更多的精力。他们乐于付出的原因之一在于，我们不限制休假天数。员工们知道，只要他们加倍努力工作，那么项目完成后就可以获得休整放松的时间。

我：有没有员工滥用这种灵活的休假制度？

企业领导：没有，我的团队和其他团队中都未曾出现过这种情况。员工对工作总是充满热情。他们喜爱这种以成年人标准对待员工的企业文化，因此他们不会打破这种制度。但我也从其他企业的员工口中听说过截然相反的故事。在竞争至上的企业文化中，员工们会担心灵活休假其实是一种逼迫他们放弃假期的手段，因为自己一旦休息就会在与同事的竞争中处于劣势。而我们的企业中不存在这种状况。我们鼓励员工享受假期，因为这能够让他们重新振作起来。我们非常重视工作与生活的平衡（你会在第十一章读到更多鼓励合作的原因）。

我：在你看来这个项目能否算得上成功？

企业领导：项目取得了巨大成功，我们在 6~8 个月的期限内完成了工作。虽然我们有一套框架来指导项目的进展，但这只是出于管理的需要，并没有限制员工的自主行动，或让他们被束缚在这个框架内。员工们很快就确定了工作内容，并通过合作来达成既定目标。他们努力付出，最终出色地完成了项目，因为他们知道结束后可以获得充分的休息时间。

这是一个对企业来说至关重要的复杂项目，由多个团队的员工共同参与。企业的高层领导们主持项目的总体工作，但他们和中层管理者并不负责管理各种具体细节问题。依托于强调合作的企业文化和"放手去做"的价值观，这个项目在一种草根和非正式的工作模式下取得了巨大成功。

这个大型项目的时间很紧迫，意味着有些员工不得不暂停并重新分派手头的工作。其他人也需要重新安排任务，并调整工作和生活的重心。但项目最终取得了圆满成功，也没有给员工带来过度的压力。

▶ **实践应用**

你的企业是否也像这样完成项目工作？你的企业领导在项目启动、终止或变更等重要节点是否会与员工进行深入的沟通？员工的反馈是否会作为调整和改进决策的依据？企业是否会充分交代事情的前因后果，让员工能够袒露自己的真实想法？员工被赋予了怎样的权利？换句话说，在项目进行过程中，管理者亲自介入工作的程度有多高？你觉得这个故事有哪些方面可以运用到你的企业中去，应用的难度又有多高，可能会面临什么挑战？

基层产品开发

一位中层管理者与我分享了下面这则故事。

他过去的雇主凭借独特的方法鼓励员工提出新产品的思路。与本章第一个故事中的企业类似，这家企业同样规模庞大，且产品同时涉足实体和电子渠道。

这位管理者向我讲述了他的产品理念，以及将其付诸实施的整个过程。当时他在一个负责企业某款旗舰产品的中心管理团队工作，该产品可以在顾客的个人台式计算机、平板电脑、智能手机甚至更小的智能设备上使用。

不过，这款产品最初的功能并非如此。其原本是为台式计算机设计的，而随着时间推移，产品逐渐兼容了其他设备，但用户在每种设备上的操作方法各不相同。例如在台式机上，用户可以通过某个按键来启用某项功能；而在手机上，则需要按下其他按键来启用相同的功能。这让用户感到混乱和失望。于是，这位管理者决定对该问题进行更深入的调查。

管理者：产品在不同设备上的操作方法不同是一个问题。因为我们的中心管理团队与各版本产品的研发团队都有联系，因此收到了许多相关投诉，但我们尚未专门调集资源来修复这个问题。

我：为什么你们团队或其他团队没有优先解决这个问题？

管理者：原因有很多。最大的原因可能在于企业的文化。每个团队都有很大的自主性，可以自由进行创新并开展工作。如果要规定单一的产品运作模式，就会对这些团队产生束缚，而这有违我们企业的文化。

我：那么你是如何应对这个问题的？第一步怎么做？

管理者：我决定在处理手头工作尚有余力时关注该问题。首先，我收集了相关数据来分析产品是否真的存在问题，即操作方法上的区别是否确实给用户带来了不便。

我：数据有说服力吗？

管理者：是的，数据显示用户感到很困扰。他们希望不同设备上的操作方式保持一致。但数据并未显示出我们是否已经失去了用户，他们是否因为使用不便而转投竞争对手的产品。尽管数据无法回答所有问题，但我觉得已经足够我们创建一个专门的商业案例来应对了。

我：接下来你要怎么做？

管理者：我站在用户的角度做了一些小实验，希望能够了解他们的想法，并比较同个功能的各种操作方法，看看哪一种最为简便。

我：你的调查最后进行到了什么程度？在将想法告诉他人前，你有没有对产品细节进行重新设计？

管理者：我本来并没有打算独自寻找解决方案，而是试图确定这个问题有多复杂。

接着我写了一份商业案例计划书，并列举了几种可行的产品修改方案。我给同事们看了这份方案并询问了他们的看法，还邀请他们一同参与。然后我将计划书交给副总裁级别的企业领导并询问他们能否让我们团队来完成这个项目。

我：既然这个项目确实启动了，那我猜领导批准了吧？

管理者：领导层很欣赏这份计划书，于是同意我组建一个团队来进一步调研。一些设计、工程、研究、市场营销和其他团队的成员组成了新的团队，用一周时间将前期的思路投入了实践。

工作进展得很顺利。大家一致认为这个项目兼具可行性和必要性。我们向副总裁陈述了解决问题的策略，加入了一些推进工作的具体细节。此次陈述的对象仍然是高层团队。最后副总裁们又一次批准了我们的计划，让我们继续下一个步骤。

我：这时你有没有开始项目的具体工作？

管理者：当时我们还没有完全准备好开始工作，因为这是一项复杂的任务。团队中负责各个版本产品研发的中层领导们花了数月时间共同合作，找到了问题的解决方法。我们也借此机会加深了与这些研发团队之间的合作关系。

我：那么具体工作是从你们找到解决方法并强化了团队合作之后开始的？

管理者：并不是。我们企业的特殊之处就在于，工作团队在很大程度上能够自主决定各自的工作内容。如果像这次一样有了新的思路，你不能直接将其强加给别的工作团队。你必须让他们认识到问题与他们手头的其他工作非常相关，从而说服他们设立专门的项目组。

我：这确实与大多数企业分派工作的模式不同。那么你们是如何说服其他团队的？

管理者：我们在上交给副总裁团队的计划书基础上增加了能够激发这些工作团队员工的参与意愿的细节内容。我们预测了他们在项目、产品功能、时间估算及能否从项目中学到新知识等诸多方面可能提出的问题。幸好我们的项目本身很有说服力，而用户在这方面的困扰也着实很大，因此我们吸引到了足够多的工作团队加入，使项目能够继续下去。

我：你们终于开始工作了？

管理者：还剩最后一步。我们建立了项目管理计划，并决定了分工、合作与沟通方式，然后才开始工作。

我：这之后的项目进展是否一切顺利？你们有没有遇到一些必须解决的问题？

管理者：中途我们遇到了许多挑战。应对这些挑战的方法与我们企业的文化密切相关，而这也是我和其他同事喜欢这份工作的原因。

有两个团队需要在工作时紧密合作，但他们使用的工具和开展工作的方式都不一样，有些工具甚至相互冲突。从前这并不会产生问题，但如今情况不同，因为他们各自负责的部分最终需要整合到一起。为此，两个团队必须就使用哪种工具和遵循哪种工作流程等问题达成一致。

甲团队人员不足，且还需兼顾其他项目。乙团队知道这些困难，因此他们没有说服甲团队更换所用的工具，因为这可能会进一步增加他们的工作负担。相反，乙团队决定去适应甲团队的工作方式。

我：我很受触动。这样的情况很少见还是经常发生？

管理者：这种情况真的经常发生。这也是企业文化中令我非常欣赏的一点。人们想要帮助他人，这一点牢牢扎根于企业文化中。

我：出现问题时，团队会自行解决还是由管理层介入？

管理者：有时需要管理层介入。我们介入项目的原因是有项功能在各个版本中的操作方法不同，但究竟哪种方法最好，各团队意见不一致并产生了混乱。经过多次反复修改后，他们认为需要管理层来打破僵局。我和其他几位管理人员帮助他们理清了思路，并确定最终选用一种方法。

我：让管理层来解决问题有没有负面影响？

管理者：没有。一般来说，管理层会先让团队自行解决问题。这个案例中，我们发现团队中出现了争执，但我们仍给了他们解决的机会。他们表示无法解决并寻求我们介入，这没关系，因为他们经过充分努力才得出这个结论。让我们适时介入是正确的。他们之间并没有因争执而生怨，我们也没觉得有何不妥，这正是我们企业管理者的主要职责之一。

我：这个项目中还有什么其他内容可以分享？

管理者：为了让团队成员在辛勤工作时感受到更多乐趣，我们设置了一些良性竞争机制。第一个找到某些烦琐问题最佳解决方案的团队将赢得"炫耀一番的权利"。这不是你死我活的竞争，第一名不会得到一辆汽车，第二名也不会只有100美元奖金，而第三名更不会被直接开除。

我们过去也曾经尝试过颁发实物奖励（并非汽车这类，而是类似 100 美元那样的奖励），但后来发现这种奖励会导致非良性的竞争，反而让团队之间无法密切合作。因此，我们吸取了教训，并把奖励设置成"炫耀一番"这样的程度。

我：这个项目成功了吗？

管理者：是的。我们成功将不同版本的产品整合到一起，从而统一了操作方法。这个点子很棒，适逢其时，它大大提高了用户满意度。

本章第一个故事的项目是由高层领导提出的，与之不同的是，第二个故事中的项目是由一位管理人员个人发起的。该企业的文化鼓励所有员工提出创新意见并开展前期调研，然后再决定这些意见是否值得进一步深挖。

经过高层管理人员审核并批准后，员工可以花费适量时间细化自己的观点，并进行严密的论证。如果一切顺利，发起者就能得到批准，对有关的项目团队陈述观点并寻求他们的参与。这些工作团队可以算是项目正式启动前的最后一关，他们会动用集体智慧来审视发起者的创意是否值得付诸实施。这是一种独特且赋予员工高度自主性的运营模式。

案例中的项目在推进时遇到了许多挑战，有些在工作过程中得到了解决，还有些则需要管理层的介入。领导们在需要时参与到项目中去，这样就不会产生负面影响。

> **▶ 实践应用**
>
> 你的企业常用何种方式来创造新产品或改进现有产品？你的企业是否鼓励个体员工和团队花时间提出新创意，并对有可行性的想法进行前期调研？你对本案例中向工作团队"推销"项目的企业模式有何看法？这种模式对于你的企业是否适用？你所在企业的管理层是否会积极介入特殊项目和日常工作的管理？他们的职责与本案例中的企业管理层是否相似？

改变工作方式

　　第三个故事的讲述者曾是一家知名大型国际金融服务企业的领导者，负责信息技术团队的工作。如今他已成了一名专职顾问。

　　与上两个故事中的企业一样，这家企业也鼓励赋予员工权利和自主性，他们认为这能促使员工投入更多精力到工作中去，并对取得的成果抱有更强的主人翁意识。

　　出于这样的文化，企业允许其软件研发团队自主选择他们想要使用哪种技术来完成工作。于是，每个团队使用的技术都各不相同。这种行为导致了非常严重的问题：团队之间很难开展合作并共享成果，因为许多技术不能很好地相互转化。

　　我：这个项目的目标是什么？你在其中扮演什么角色？

　　企业领导：项目的目标是挑选一种所有研发团队都能使用的技术。这表示 1000 多名员工要统一使用一种工具。我是这个项目的总体领导者。

　　我：你怎么会担任这个职位？是被要求的吗？

　　企业领导：我当时是主动请缨的，因为我觉得这个项目很有必要。我知道事情并不简单，我也知道如果想让项目取得成功，就需要领导者准备好大干一场，亲自参与到工作中去，并在每个环节都做出正确的决定。

我：你是独自工作还是与他人合作？

企业领导：由于大量员工和团队会受此项目影响，而且他们的参与也不可或缺，因此我们的首席信息官与我合作，将软件设计和技术部门的领导们召集到一起组成团队，每个部门都派出了技术专家代表参与到项目中来。这能保证我们站在各部门的角度分析候选的技术，从而满足重点需求。我们共同合作，选出了一种适用于所有团队的技术。

我：这个团队有没有最终决定权和实施权？项目是怎样运作的？

企业领导：我们合作测试了多种技术。幸运的是，我们很快就达成了共识，选中了一种我们认为最适合企业的技术。我们将结果和推荐内容提交给首席信息官和高层管理团队，他们也同意了我们的提案。

我：后面的事情是不是也很顺利？

企业领导：并非如此。最困难的部分在于我们需要说服其他员工，让他们相信使用同一种技术是正确的决定。我们也要让员工相信，我们团队选出的技术确实是最合适的。考虑到 1000 多名员工的工作方式会因此产生重大变化，我们还要找出顺利实施技术变更的方法。

我：你们如何说服员工，让他们相信使用同一种技术是正确的？

企业领导：首席信息官和高层管理团队已经批准了我们的方案，因此我们从他们之下的最高层领导开始说服。我们与这些领导当面沟通，听取他们对统一技术的需求，探讨项目所带来的益处和我们选择的具体技术。接着，我又作为项目领导者与这些领导下属的管理者会面，然后是更低级别的员工会议，最终我与 1000 多名员工所属的全部相关团队都进行了会谈。

我向大家解释了企业目前使用不同技术所产生的各种问题，这一点并不困难，因为许多员工已经遇到了由技术冲突而导致的难题。我也强调了应当停止为这些问题寻找解决方案而浪费时间，因为其根源仅仅是多种技术无法相互兼容。我倾听了员工们的担忧，并尽可能回答了他们提出的问题。

我：对话过程中有什么特别困难的地方吗？

企业领导：最困难的一点是，员工们觉得这是一种企业将转型成集中管理的信号，这样他们就会在某些领域失去原有的自主权。我们通过沟通，让员工了解到他们依旧是企业的有力伙伴，我们会听取他们的担心，而我们也向他们保证企业的文化并不会随之发生负面的变化。

我：说服员工后，你如何实施这一改变？

企业领导：我们决定在现有项目中继续使用当前的技术，因为我们不希望打断进行中的项目。未来的新项目将使用新技术。

我们成立了一个服务团队，负责培训员工，并协助他们实现向新技术的过渡。通过邀请外来的思想领袖利用午餐时间发表演讲，我们让新技术的运用变得更加有趣。我们为程序员建立了用户团队，让他们分享学到的新知识。我们聘请拥有大量新技术实践经验的资深程序员组成随叫随到的专家团队，在工作现场解决出现的问题。我们还创建了内部信息门户网站，罗列了所有正在使用新技术的团队和他们各自的工作内容。每当有新团队发布其首个采用新技术的项目时，我们会召开午餐会，请这个团队上台分享他们所遇到的困难和解决方法。

我：这个项目成功吗？

企业领导：是的，我们的 1000 多名软件研发人员全都顺利地开始统一使用新技术了。随着时间推移，这个项目还产生了一个意想不到的积极影响，那就是许多技术出众的员工组成了一个庞大的社交关系网，他们会主动帮助其他有需要的人。

在这个故事中，发生变化的是企业的内部系统，与客户和新产品发布等要素无关。实施这种改变会影响大量员工的工作方式。它降低了工作团队的自主性，并在一定程度上加强了标准化管理。

从项目发起的角度来看，这个故事介于第一个故事和第二个故事之间，因为项目是由企业的高层领导和下级领导共同发起的。由于该项目的重要性之强和涉及的员工数量之多，不同部门的领导合作组成团队参与到项目中去。这个团队测试了多种备选方案，并最终选定了一种最适合企业需求的技术。后续工作还有很多。

领导者们知道此类项目会对员工的士气和专注度产生消极影响。他们尊重员工的工作，希望能与员工就技术变化进行实质性的沟通，因此领导者们花时间与各个团队当面会谈。会谈结束后，他们的工作仍旧没有结束。他们筹划并实施了精心设计的培训和支持计划，帮助员工学习熟练运用新技术所需的知识和技能。

> ▶ **实践应用**
>
> 　　你的企业如何进行内部系统的变更？受影响的领导者和员工是否参与到了这些变更项目中？如果你的企业实施此类变化的方式有所不同，你能否设想在某种情况下如何用故事中的方式来完成系统变更？你的企业在进行此类复杂变革时，是否花时间就关键的背景设定进行了沟通？变更结束后，是否通过足够的培训帮助员工顺利提升了新工作方式的竞争力？

合作的多种形式

上述 3 个故事中的 3 家企业在应对复杂变化时所采用的方式和它们鼓励相关员工进行合作的手段都截然不同。这些故事仅仅呈现了众多合作形式中的几种。硅谷企业领导者们与我分享了许多其他故事，如果在此一一列举，你一定能从中领略到更多有效的员工合作途径。合作不是一种墨守成规的工具，没有哪种方法一定是正确或错误的。

话虽如此，但我们从这几则故事中还是能看到一些重要的共性。3 家企业的运作模式能够体现建立合作型企业所需的一些关键特质，它们包括：

▶ 企业文化鼓励并强调合作。

▶ 企业领导者通过与其他领导和各级员工的互动来传递合作的重要价值。

▶ 员工激励政策鼓励适当地进行合作。

▶ 管理理念和实践在提供总体指导的同时，允许员工保持自主性，并鼓励他们积极参与项目工作。

▶ 项目管理模板在帮助进行项目组织和复杂项目管理的同时，不限制员工的工作。

▶ 员工了解合作的价值。

这些和其他类似要素共同构成了硅谷合作模式的基础。第四章将重点介绍硅谷合作模式，在后续章节中将进一步分析。

第四章

破解硅谷合作模式的秘密

THE
POWER
OF
COLLABORATION

我们再来回想一下导言中提过的那个爵士乐队吧。假设每位音乐家（例如小号手）都能够很好地演奏自己的部分；此外，同一乐器组的所有音乐家（例如喇叭组）也必须与组内成员和其他乐器组协同演奏。最后，乐队指挥把音乐家的个人独奏和各乐器组的合奏整合成一首统一的乐曲。

与他人合作的才能

萨克斯演奏者、鼓手和其他音乐家都知道，当他们接受一份音乐团体的工作时，他们的角色就不单是独奏者了。他们不仅要好好学习曲目的独奏，还要和其他人一起，合奏出一曲美妙的旋律。

我们去企业应聘时也应当如此。我们的工作不是做好自己的工作就万事大吉的"独奏"。有时我们确实需要独立工作，但有时我们也需要"按下开关"，切换成与同事合作的模式。

独自工作与协同工作所需的技能不同。当独自工作时，我们通过专业知识找出完成任务的方法，并借助辩证思维来做出正确的决策，获得最佳的成果。与他人合作则需要我们放弃完全掌控工作的想法。我们运用专业知识提出初步想法。接着我们与他人分享自己的想法，最终创造出最好的思路。我们不再单方面决定工作内容和方式。相反，我们能从其他人那里学到不同的知识和技能。

大多数人在应聘一份工作之前，已经学习过相关领域的专业知识，但是我们不一定接受过与他人共事的培训。入职后，我们立刻就被要求与其他员工合作完成各种任务。我们磕磕绊绊地做着团队工作，试图将个人技能运用到这些任务上，但这往往并不奏效。

需要有人教授我们能让自己更好地参与合作的关键技能，这正是本书的主要目标。本章将探讨我们在合作时会使用的"个人技能"，以及能够应用在团队合作中将我们的个人智慧融合成集体智慧的"团队工具"。

除了这两类技能外，我们还需要企业具有鼓励合作的文化，这样才能支持我们与他人共同合作。虽然这不是一类单独的技能，但它是对合作起到至关重要作用的一类实际做法，我们称之为"企业实践"。

个人技能、团队工具和企业实践这三大要素是构筑合作的基石。

个人技能

在与他人进行合作时，个人需要应用一些基本技能并展现相应的态度，这包括用他人可以理解且愿意参与的方式进行沟通，倾听他人发言中的深层含义，以及尊重和信任他人。

如果我不尊重你的专业知识和认知能力，那么我很可能不会重视你的想法和观点。如果我不相信你诚实地分享了自己的所学所知，或者我不相信你会遵守诺言，我也很可能不会信任你的言行。如果不能相互尊重、信任、开诚布公地进行交流，那么双方自然无法有效地开展合作。

这些技能和态度都是显而易见且必不可少的。正因为如此，大部分人在入职前都已经学习过了。此外，许多企业会通过培训来强化员工在这些方面的能力（出于其重要性，我会在本书的其他部分简单涉及这些能力）。

除了上述基本技能，我想提出其他 4 条个人可以运用的技能，它们是硅谷合作模式的核心要素。

▶ **忠于自己**：当你与他人共事时，明白什么对你是最重要的。把你最大的目标牢记于心。认清你所珍视的价值观以及你如何遵守它们。了解你的情绪如何发挥作用，并学习如何更好地管理它们。

▶ **忠于他人**：与你的同事建立真诚的关系，关心他们，对他们敞开心扉，在他们做得对的时候支持并保护他们。

▶ **忠于工作**：与他人合作，探索并商定最好的想法和最正确的工作方法。意识到最好的结果比所有人都能畅所欲言更重要。

▶ **忠于企业**：专注于实现企业目标，以及如何通过你的工作为企业做出最大的贡献。

虽然这 4 种技能对我们大多数人来说都是抽象的，但在实践中，我们通常只关注其中的一两项，即那些最能令我们产生共鸣的技能。事实上，这 4 种技能是互相关联的。如果我们不努力让同事获得成功，那么他们也不太可能会支持我们。在这种情况下，团队往往就会分裂且无法取得好的成果。此外，如果员工不努力为项目和企业整体做出最好的贡献，那么要想实现目标就更加困难。

考虑到这 4 种技能的相互关系，我们看待问题时就有了不同的视角。我们从仅仅推崇自己的目标或以个人观点来判断一个项目需要什么，发展到了考虑同事提出的意见乃至整个企业的需求。如果我们只关注其中一到两项技能，就无法获得这样的洞察力。这种洞察力使我们能够以不同的方式看待问题，从而做出更有利的决定。

团队工具

与他人合作意味着通过与单独工作时不同的方式来管理和执行自己的工作。为此我们需要以下 3 种要素。

▶ **流程**：我们在协调一群人的行动时，需要一种方法来帮助安排和管理工作。

▶ **共通的分类方法**：当我们一起工作时，通常会对项目或各种话题有不同的定义。因此我们需要清晰、准确地传达信息，让人们的意见都能保持一致，并朝着正确的方向努力。

▶ **针对不确定未来的有效决策**：我们必须时常预测未来的走势。在稳定的环境中，这比较容易。但当我们处在一个瞬息万变的环境中时，预测就变得非常困难。

我将提供 3 种工具来帮助你针对不确定的未来做出更加明智的决策。

1. 流程

有多名员工参与工作时，管理并指导他们就意味着要让事情更加明确。举例来说，我们首先需要确定：

▶ 谁来负责什么工作，期限是什么时候；

▶ 员工互动和交流的总体指导方针；

▶ 如何记录工作的重要节点。

许多人认为我们不需要一个流程来协调工作。他们认为员工会自然而然地团结起来，把工作做好。然而情况并非总是如此，尤其是在复杂项目中。正如一位硅谷企业领导者所说："事实上，仅仅让高素质人才共同合作来完成一个项目并不能防止问题发生。如果建立一个框架来管理员工的行动，就更容易预防或解决问题。"

那么为何大多数企业在启动新项目时都没有建立一个与员工共享的框架？原因有几条，我们将在第八章中进行探讨，并为你提供一套优秀的流程来帮助你指导各类项目的工作。在此之前，你只需知道有一种很好的方法叫"敏捷"（Agile）管理。它已经在项目管理软件领域被成功运用了约 15 年。

有些人（包括我自己）已经意识到"敏捷"可以像指导软件研发工作那样有效地管理几乎任何其他项目。基于这一点，我将"敏捷"从狭隘的软件范畴中提取出来并转化为一种通用的项目管理方法。

2. 共通的分类方法

我们单独工作时，更容易理解项目中的设计或特定主题。如果不清楚哪一点，可以询问指派工作的人或自行进行研究。因此我们无须考虑创建一个能让许多人理解和参与的定义。

团队工作则完全不同，每个人都有自己的定义标准和对项目的理解。而且，我们还会假设其他人也认可我们提出的定义。

想象一下，有人突然在人群中大喊"鸭子"这个词。你的第一反应是什么？你会躲到最近的桌子底下寻求保护吗？还是说你会环顾四周寻找唐老鸭？同理，如果有人在演讲中提到"头"这个字，那么你就要根据上下文来判断他到底指的是"领导者"还是"人体最上面的部分"。

既然这两个常见词都可能具有截然不同的含义，那就意味着谈论复杂话题时更有可能会出现错误理解，所以清晰而准确地传达意思非常重要。这种阐述事物、方便他人理解的做法被称为"构思"。

3. 针对不确定未来的有效决策

我们在与他人合作时经常需要预测未来会发生什么。当我们决定在下一款数码相机中加入什么功能时，我们就是在预测未来。我们肯定都希望能有一个水晶球来展示竞争对手的下一款产品有何创意。如果能一览新技术的全貌也是不错的选择。此外，了解政府监管的趋势也会带来帮助。

可惜对于绝大多数人来说，这些因素都是不可预知的。正因为如此，我们会认为最好不要去猜测未来会发生什么，或者我们会假装知道事情的走向，然后根据结果反推出一个计划。这两种选项都不怎么高明。不过，除此之外还有第三种选择：我们可以把潜在的变化作为可能性来考虑。这样我们就可以在未来不确定时，利用这些可能性来做出更好的决定。

正如一位硅谷企业的受访者所说："我们必须投身'战斗'。问问到底发生了什么，发生的原因是什么。有时候世界与我12个月前甚至12分钟前所想的都不一样。在学会通过团队合作的不同方式看待问题之前，我常常不明所以。"有一种工具可以帮助我们有条不紊地做到这一点，它被称为情景规划。

企业实践

我们已经讨论过个人技能和团队工具这两块建立有效合作的基石了，任何人都能随时使用它们。相对而言，作为个体员工或下级管理者，我们对接下来的第三块基石没有直接的控制权。这块基石包括三项企业层面的关键实践，它们会加强或抑制员工有效合作的能力。

这三种实践就是管理实践、员工激励和相互接触。考虑到它们是成功合作的关键所在，因此这三项企业实践也被列入了本书的组成部分之中。虽然你无论是独自一人或与团队其他成员合作，都无法直接制定或更改这些实践，但是你仍然可以与管理层探讨它们的重要性。

1. 管理实践

管理既被视为艺术又被当成科学是有原因的。在某一时刻，我们明确意识到，如果将人的行为考虑在内，就不可能存在适用于所有情况的某种单一的工作和员工管理模式。但在 20 世纪初大型企业成立伊始，人们还没有认识到这一点。

一个多世纪前，管理专家就曾试图将员工的工作方式和管理者的监督手段精确地系统化。提出目标和战略，并确定需要通过哪些工作来实现这些目标，都是管理者的工作。然后他们把这些工作指派给特定的员工。他们明确规定工作的方式，并确保员工始终以这样的方式完成工作（不做任何其他事）。

起初在制造行业，当大多数员工的技能尚不熟练，又需要在流水线上工作时，这种方法效果相当好。而在那些工作定义不甚明晰或员工熟练度更高的行业里，效果就没那么好了。

随着那些没有明确定义的行业不断发展壮大，系统化的员工工作方式和管理行为越来越不奏效了。因此在过去 50 年中，大多数企业对管理者的定位已经发生了显著变化。一位硅谷企业领导者曾在大公司任职多年，现在担任国际顾问，他表示："人们不想被当作物品来'管理'。你可以管理预算，你也可以管理日程表，但你需要领导员工。"许多管理实践能够建立相互协作的环境，在这种环境下员工愿意，也的确有条件与他人合作。本书将阐明并讨论这些实践做法，其中包括：有利于合作的策略和目标、企业结构、管理哲学和价值观、激励员工、监督实践和纠正性实践。

2. 员工激励

人类并不自私。恰恰相反，我们每天都在关心和帮助他人。我们乐于帮助朋友、邻居和同事，对陌生人也慷慨大方。专家证实人类确实是群居动物。大多数人从群体生活、工作和帮助他人中都能得到巨大的心理回报。

人类也许并不自私，但我们是自利的，这种形容更为恰当。我们工作的原因有很多。我们渴望成功，期待做出有意义的贡献，也想要达成一些显赫的成就，我们还希望获得经济上的回报。如果我们觉得自己的报酬可能会因为与他人共事而受到损害，那么我们往往就不太愿意合作了。

一个企业的员工激励制度是领导者能够用来鼓励员工与他人合作的主要机制。大部分企业却忽视了这个机会，只将员工的薪酬与个人成就联系在一起，没有将团队或企业成就考虑在内。

相比于思考如何将员工工资的一部分与团队或企业的成果挂钩，计算员工独自完成了多少工作更加容易，但在这种情况下追求简单并不等同于追求有效。如果企业只奖励员工的个人工作，那就会使员工只专注于做好这部分工作。因此企业应当依据员工是否圆满完成了"团队工作"来发放部分奖金。

有很多不同的方法可以做到这一点。每家企业都需要定制合适的财务制度。我们将探讨硅谷企业应对这个问题的一些方法，为你提供一些思路。在第十一章中，我将展示硅谷企业是如何处理员工薪酬、奖金、递延报酬、休假政策和其他福利的。

3. 相互接触

最后一项对合作有着巨大影响的企业实践就是员工能否轻易接触到他们的合作对象。如果员工不了解与他人一起工作的方法，将严重限制合作的有效性。员工相互接触的概念包括：

▶ **办公室的物理设计**。办公室的配置能否增强员工之间的互动，让他们从中获益？

▶ **办公地点的地理位置分布**。当员工跨城市、跨国家甚至在全球各地工作时，如何与他人交流？

▶ **远程办公（在家工作）**。是否存在远程办公？如果有的话，员工如何接触那些本人不出现或在另一个办公室里通过技术手段一同工作的人？

这三方面的员工接触相当重要。它们既可能会促进有效合作，也可能会阻碍合作。我会在第十二章进一步讨论这些内容。你可能会对该领域的一些发现感到惊讶。

形象地描述硅谷合作模式

正如前文所述，硅谷合作模式由三部分组成：个人技能、团队工具和企业实践。本书将教导你实际的技能和工具，帮助你更有效地应用这些基础模块。我准备了很多材料，因为它涵盖的内容很多，所以形象地描述应该更有利于理解。下面是一幅将硅谷合作模式整合到一起的图片。

当你成功组合了这三块"基石"时，员工的行为就会发生变化，因为他们开始重视与他人的合作，而且他们知道这样做能够产生很棒的点子。他们也知道企业期待他们进行合作，并会为此奖励他们。

如果每个员工和管理者都能步调一致地行动，就能建立起合作精神。这种精神让硅谷企业领导者和他们的企业变得与众不同。

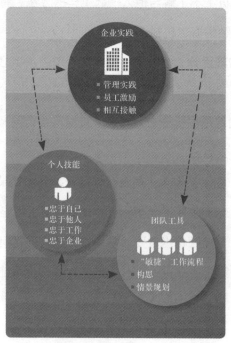

硅谷合作模式

这听起来很神奇吧？通过合作确实可以获得神奇的成果，但过程是通俗易懂的。你需要让员工认同合作的哲学，教授他们更多的技能，为他们提供团队工具，并确保企业实践支持并鼓励员工们一起工作，这样才能推动合作成功。

我询问那些领导者，能否用语言来形容自己是如何将一套非常实用的工具转变成神奇的合作精神的？下面列举了他们的一些回答。

一位具有多年高层管理经验的硅谷企业领导者解释道："我们企业非常独特。在其他企业中，管理者和员工是相互竞争的关系。但在我们这里，所有人是一个统一的整体。我们无须比其他同事表现得更好。当然，我们希望做到最好，也努力做到最好，但前提是作为企业整体，而不是作为个人。"

另一位领导者曾任职于多家较少合作的企业，他表示自己意识到："生命太过短暂，不应该只停留在合作这座大山的脚下。即使无法到达顶峰，也应该尽量向更高处攀登。不可能做到尽善尽美，但合作能产生不同程度的信任。你可以把握机会，提出自己的意见。"

第三位企业领导已经成功管理了多家初创企业，他把自己目前企业的运作秘诀称作"愿意为满足求知欲和追求卓越而牺牲自我"。他认为："健康的自我无处不在，但它在这里与虚心倾听、思考新思想且不感到威胁的意愿结合在了一起。"

现在你已经了解了硅谷合作模式的全部内容，并看到了直观形象的图片描述。我将带你体验一次硅谷企业的虚拟旅行，亲自领略这家企业充满合作精神的思想和实践做法，从而更好地向你呈现硅谷的合作模式。为了保护这家企业的隐私，我会把他们称为"超凡软件"。

一个最能体现硅谷合作模式的案例

超凡软件（以下简称为"超软"）拥有远大的目标，他们不想仅仅比竞争对手多出一点成就。他们大胆创新，希望改变整个行业。超软认为自己的企业是独一无二的，也希望员工能够认同这一点。他们根据这个理念来管理企业的运作。

1. 与他人合作所需的个人技能

超软的员工都信奉企业的价值观。虽然对于有些公司来说，企业价值观只不过是一些中听的老生常谈而已，但超软则将他们的价值观作为企业的指导原则。首先是高效工作，然后是富有责任感、提供高薪、说明来龙去脉而非一味地管控，以及让员工保持步调一致。

从这些基本原则出发，超软推崇并奖励一些受鼓励的员工行为。它们包括：（1）做出明智的决定；（2）在回应前好好倾听；（3）在重要领域中取得显著成就；（4）快速、广泛、主动地学习；（5）找到解决困难问题的实际方法；（6）即使存在争议也要直言不讳（不只是提出想法，更要做正确的事）；（7）激励自己和他人追求卓越；（8）为人处世坦诚直率；（9）不仅要为自己或团队着想，更要为公司着想。

超凡软件明白，聘用那些价值观和行为符合企业文化的员工是非常重要的。如果个人和企业的价值观不相匹配，就会出现问题。超软相信他们的高绩效文化可以吸引到那些具有勤奋、卓越、坦诚和变革思想等优秀素质的员工。

2. 团队工具：超软对建立通用流程的看法

超凡软件长期以来一直在认真思考企业工作的流程和规则。他们相信随着企业的发展和员工数量的增加，大多数企业都会变得过于依赖流程和规则。他们明白这些企业制定政策的目的是帮助员工更有效和高效地工作。然而在超软看来，详细的流程和规则最终会降低员工的生产力。与其他企业不同的是，超软的领导者认为企业的成功取决于员工通过灵活的工作方式来保持创造力，而激励制度也能鼓励员工努力工作。

因此，领导者们希望避免不必要的官僚作风。同时他们也不想走入另一个极端，那就是混乱，所以他们努力创造平衡。超软的领导者不像某些企业那样拒绝所有的流程。他们相信建立框架来指导复杂项目是可取的做法。他们努力寻找并使用能够让员工在获得引导的同时不受到过多限制的工作流程。

超软的领导者们并未选择去适应复杂的流程，而是尽量把复杂程度降到最低。他们认为相比于建立烦琐的流程，尽可能简化工作能够更好地帮助员工了解自己的职责。这种思路在超软的产品上也有所体现。超软的商业模式是销售数款大型产品，而不是众多小型产品。

超软没有花很多时间去刻意追求效率，因为这样会限制员工的工作方式。他们还有意识地避免"规则蠕变"（即规则潜移默化地发生改变，最终逐渐变得不可控制）。

领导者们并非不欣赏高效率，他们都希望员工和团队能保持高效。但是，他们选择不通过一长串行为准则来规定员工的行为。由于超软不使用大量核对清单和指导方针来领导工作，因此确实有可能出现错误。不过只要这些错误能被及时发现和纠正就没问题。

重要的是员工从每一次的错误中进行反思和学习。如果将来犯了其他错误，只要合情合理并尽快纠正，那就可以被接受。但员工不能反复犯同样的错误，因为这表示他们没有从原先的错误中吸取教训。

3. 企业实践

比起管控，超软的管理层更注重交代事情的来龙去脉。他们认为告诉员工前因后果，并把他们当作聪明的成年人来管理是一种更好的决策，这样也就无须大量推行管理措施。

领导者们确保员工都能理解超软的企业目标，并主动参与到实现这一目标所需的团队工作中去。如果员工做出了错误的推断或决定，领导者们会认为自己需要比员工个人负更多责任。他们觉得如果领导能为员工提供更多情况说明，其实大多数的糟糕决策都可以避免。

超软对于合作的管理理念是：团队需要与合作对象保持意见统一。他们希望员工共享他人可能需要的工作信息。许多会议的主题都在关注如何获得并保持这种一致性。领导者不希望在会议上进行单向的信息输出。他们相信电子邮件或其他方式是更好的信息获取手段。

领导者们也鼓励员工之间建立互信的举动以及主动为他人提供帮助的行为。

超软坚持聘用最优秀、最聪明的员工。有的企业选择雇用一两个明星员工，再围绕他们组建团队，这和许多运动队的做法是一样的。这些明星员工的地位较高，领导也更愿意听取他们的意见，其他员工往往会留意并支持他们。因为超软在每个岗位都聘用明星员工，所以他们组成的团队就与众不同了。

企业明确希望员工能够共同努力、互帮互助。自私自利与恶性竞争的行为不仅没有回报，更不会得到原谅。相反，超软的领导者鼓励并褒奖员工通过帮助他人来提升自己的举措。

"C级"（适当）的工作表现在某些企业或许可以被接受，但在超软不行。领导者们公开表态称，如果员工在这里只有"适当"的表现，那么他们会被要求离职。这并不意味着超凡软件怀疑员工的忠诚度。如果表现优异的员工遇到困难，企业会允许他们离职休整，但时间不能太长。

领导者认为让其他员工长期分担低绩效员工的工作是不公平的。同理，万一企业陷入财务困境，他们也不会强求员工无限期留任。

他们相信在这样的公司中，真正努力的员工和普通员工所获得的成就会有天壤之别。管理者评价员工绩效的其中一项标准就是问自己："这个人对我们企业的成功有多重要？"如果他们了解员工的具体工作情况，就很容易回答这个问题了。

超软的绩效评估会考量员工是否认真工作及他们取得了怎样的成果。管理者会尽可能考察员工的努力程度，而不单单是他们的工作时长。

企业还会审视员工与他人合作的情况。有些企业只看最终结果而不关心员工关系。对超软而言，重要的是这些成果是否加强了员工合作并帮助他人获得成功。

超软希望员工能得到持续、真实的问题反馈。领导者们相信，任何员工在正式评估时都不会对收到的反馈感到惊讶，因为这些反馈内容他们以前应该已经听过。企业将绩效反馈作为一种对话方式，因此他们鼓励员工主动征求管理者的意见，领导者们也期望他们这么做。

超软只有在团队和企业需要有人担任更高级别的职位时才会提拔员工。

其他企业将晋升作为员工激励制度的一部分，以此来告诉员工他们的工作做得很好、很有价值。但超软的领导者认为这反而传达了错误的信息。他们相信，表现出色的员工应该通过工资和其他福利来奖励，而晋升仅在企业有需求时才会发生。当某个职位空缺时，只有那些在本职工作中贡献突出，且能够为其他员工树立非凡榜样的人才能胜任。

企业的薪酬政策很简单：无论哪个职位，只要员工有取得成功的动力并愿意努力工作，他们就能得到行业中该职位最高水平的薪酬。企业每年进行市场调查，确定关键职位的薪酬标准，以便他们可以始终维持最高水平的待遇。

根据这一理念，企业不再按照常用公式给员工加薪和发放奖金。超软认为这只是锦上添花，因为在他们看来，经过常用公式计算的年终奖在大多数企业中并没有达到预期效果。

超软希望员工充分享受企业提供的福利，因为这能使他们更好地投入工作。企业平时就会提供优质的食物，而在偶尔举办的聚会上则会有更丰盛的菜肴。超软的办公室始终保持环境优雅，这样能让员工愿意在此长时间工作。所有这些福利都是为了吸引和留住优秀员工。

只要符合企业提供服务的要求，超凡软件鼓励员工尽可能长时间地享受合适的假期。

超软也曾制定过标准的休假制度，每年为所有员工提供一定天数的假期。后来他们意识到这项政策失去了意义，因为员工们经常在晚上和周末工作（至少是查收电子邮件），偶尔也会在工作日请假处理私人事务。当一名员工提出了计算假期时间而非工作时间所产生的矛盾时，管理层意识到这项政策已经不再适用了。

根据这一情况，企业废除了每名员工获得一定天数假期的原有休假制度，但他们仍然相信员工应该自主判断休息时间。他们希望所有员工都能享受重要的假期、享受生活，然后更好地回归工作。和大多数其他事情一样，超软只是要求员工在考虑企业和个人最大利益的前提下行事。

超凡软件坚持"始终追求卓越"的信条，他们对此十分自豪。当你从整体角度看待这家企业时，就能发现他们的政策和实践合情合理，共同构成了一个很好的合作精神范例。

你可能已经注意到，超凡软件的企业指导原则与硅谷合作模式中的4种个人技能及合作者的6大特征的内容有所重复（4种个人技能，即忠于自己、忠于他人、忠于工作和忠于企业；合作者的6大特征，即有取得成功的动力、希望做出有意义的贡献、坚持不懈、接受差异、渴望坦诚沟通，以及认清企业目标）。

此外，超软的团队工具和企业实践在很大程度上也是硅谷合作模式的一种体现。

该企业的原则和实践与本书中所建议的内容有如此直接的重叠，这并非巧合。本书的内容并非直接取自这家企业。但在很多方面，超凡软件和其他27家硅谷企业并无不同，领导者们都与我慷慨分享了类似的信息，使我能够进一步提炼自己的想法。

硅谷合作模式是一种真实可行的合作模式，你能从硅谷地区企业每天的运营中找到它的身影。

▶ **实践应用**

　　将超凡软件与你的企业进行对比，两者是否也在某些方面
存在重叠？你是否从本案例分享的观点中得到了启发？

　　考虑到这个大背景，下面让我们来探讨一下硅谷合作模式的细节内容。
第五章将深入发掘构成硅谷合作模式的三大基石之一的 4 种个人技能。

第五章

强化合作的个人技能

THE
POWER
OF
COLLABORATION

也许你看过类似女性照片的错觉图。第一次看这些微妙的图片时，我们有些人会看到一位老太太，有些人会看到一名年轻女性，还有些人甚至会看到一个老先生。某种图像一旦在脑海中成形，我们就很难再察觉到其他几种画面了。即便我们看到了整张视错觉图，但只有当别人指出另外两张脸时，我们才会意识到自己犯了错误。然后，我们惊奇地发现，如果没有他人告知，单凭我们自己很难看到图片的全貌。

这项实践说明，人们会不断地过滤周围的环境，只保留自己关注的东西。我们的大脑只负责处理视觉环境中的一部分图像，而我们会对看到的景象进行整理和解读，以便理解它们的含义。

把4种个人技能（忠于自己、忠于他人、忠于工作、忠于企业）结合在一起能够扩展我们的视野，帮助我们注意到周围更多的关键因素。学习如何使用这4种技能就像是查看视错觉图的全貌。当我们身处复杂环境时，它能帮助我们理清思路。

下文的图片形象地将4种个人技能整合到了一起。在实际运用时，它们也应当像这样有机地结合起来。

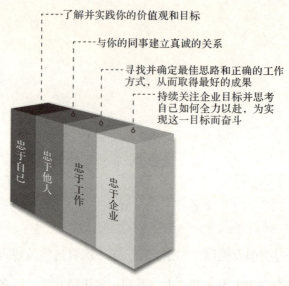

了解并实践你的价值观和目标

与你的同事建立真诚的关系

寻找并确定最佳思路和正确的工作方式，从而取得最好的成果

持续关注企业目标并思考自己如何全力以赴，为实现这一目标而奋斗

合作所需的技能："忠于"模型

本章的其余部分将告诉你这些技能意味着什么。解释完含义后，我会通过一个案例研究向你说明，如何使用这些技能来更好地看清特定状况。然后，你将有机会实际运用这 4 种技能来处理你的企业所面临的挑战。

让我们先从探索如何"忠于自己"开始。

合作时忠于自己

当你忠于自己时，你会意识到什么对你来说是最重要的，并按照这些信念行事。这表示认同自己的价值观，然后在实际行动中将其体现出来。你需要知道自己的目标，并采取与之相符的行动方式。这还意味着了解你的情绪所起的作用并对其进行管理。

莎士比亚在《哈姆雷特》中写道："最重要的是，你必须忠于自己。"

几个世纪以来，这句话始终影响着人们。大多数人恐怕很难背诵出莎翁其他作品中的语句，唯独这一句令人念念不忘。

2005 年，史蒂夫·乔布斯（Steve Jobs）在斯坦福大学发表毕业典礼演讲时同样说道："你的时间有限，所以不要浪费它去过别人的生活……鼓起勇气追随你的内心和直觉。它们知道你真正想要成为什么样的人。"

这两位天才都提醒我们要诚实面对自己，认清对自己来说最重要的事情是什么。这对保持我们的心理健康和提升我们的生活满意度都相当关键。

下面我们将寻找三个真实的自我（价值观、目标和情绪管理）。

1. 实践你的价值观

忠于自己首先要从忠于你的价值观开始。价值观是生活中你所珍视的事物。它们能解释你做出的决定和采取的行动。如果真诚是你的核心价值观之一，那么你就会遵照它来行动，在关键时刻如实袒露心声。

许多专家都对企业价值观有所研究。一位专家为调查企业价值观收集并研究了 25 年的数据。他的研究结果包括："在同一行业中，拥有明确书面价值观且员工普遍知晓的企业，其 25 年中获得的利润比其他没有明确价值观的企业平均高 700%。"

在讨论个人价值观的重要性时，情况也是如此。用圣雄甘地的话说："人的想法、言语和行为都和谐一致时，就能收获幸福。"

如果你不知道自己拥有怎样的价值观，那么你的人生道路上就没有一颗"北极星"来指引前进的方向。你可能会对自己的行动方式感到不适，却无法找出原因。因此，我鼓励你认清自己的价值观。

2. 牢记自己最大的目标

忠于自己同样意味着确立目标并为之奋斗。就像《爱丽丝梦游仙境》中的柴郡猫那样，如果我们不知道目的地在哪里，那么无论走哪条路都可以。

有些人生目标来源于我们自身的价值观。如果照顾家人是你的价值观，那么你可以定下一个目标，鼓励自己多花时间陪伴他们。你也可以订立一个与事业成功相关的目标，这样你就可以为家庭提供经济上的资助。

如果有明确的目标，我们就更有可能完成生活中的重要事情。不过，我们当中又有多少人花时间弄清了自己的目标呢？据个人和企业发展专家布莱恩·特雷西（Brian Tracy）估计，只有 3% 的成年人花时间设定了现实目标并制订了实现这一目标的计划。

心理学教授盖尔·马修斯（Gail Matthews）最近开展了一项关于目标设定的研究。她发现如果人们写下目标和行动计划，分享它们并与一个朋友交流计划进展，会产生截然不同的结果。在采取这些步骤的人群中，有 76% 的人实现了自己的目标。在那些拥有目标却没有采取任何其他步骤的人群中，只有 43% 的人实现了目标。

如果你尚未定好目标，请先加入那 3% 的人。确定目标后，做出承诺，并与其他支持你的人分享进展。真诚对待那些对你来说最重要的目标。我们可能会一时冲动迷失了自己的远大目标，后来才意识到，我们以牺牲最珍贵的东西为代价，只实现了一个很小的目标。

3. 控制你的情绪

领导者经常告诉员工："上班的时候把情绪留在门外。"他们的意思是，我们可以切断自己的情绪。他们还暗示情绪会破坏工作，因此在工作场合不应带有个人情绪。这些推论都是错误的。我们时时刻刻都能感受到情绪的存在。即使刻意为之，我们也无法切断自己的情绪。

一项研究报告显示，我们每天平均产生 500 次情绪变化，每周大约有 3000 次，这意味着我们每年平均会产生约 15 万次情绪变化。我们取得个人成功的原因并不在于抛开了个人情绪，这么做也不会让我们变得完美。要想获得成功，需要全力以赴，让情感和智慧适当地指引我们的反应和行为。

情绪是发生在我们身上，激起本人反应的事情，这些事既可能发生在外部，也可能发生在内部。外部事件引发情感的一个例子可能是，经理告诉你她无法批准你加入一个你非常想参与的项目。内部事件引发情感的例子则可以是，你正仔细斟酌一项在职培训课程，突然感到胃像是打了结一样，因为你发现自己在课堂上完全迷失了方向，却又不想在同事面前承认。

在这两个例子中，大脑的一部分通过释放一股化学物质来响应我们经历的事情。加州大学圣塔芭芭拉分校的两位教授乐达·考斯麦茨（Leda Cosmides）博士和约翰·图比（John Tooby）博士都解释说，这是一种自然反应。体内的化学物质变化会引发不同的情感、感觉、心情和身体反应。

在我们经历情绪的同时，大脑的另一部分正把我们的感官加工成认知思维。但由于大脑中产生情绪反应的部分比负责认知的部分工作得更快，因此情绪总是优先出现。我们的情绪是强大的，它们能影响我们的思维。

当我们能够识别和理解情绪时，就不会因自己与他人的互动和内心的反应产生困惑了。如果我们可以管理这些情绪，它们就会帮助我们；反之，它们就可能会阻碍我们。研究发现，要想取得事业成功，情商（EQ）比智商（IQ）或专业特长更重要。出于这个原因及许多其他因素，我们有必要对自己的情绪进行管理。

我们可以将情绪（emotion）这个英语单词拆分成 e 和 motion 两部分，并用这种方式来很好地描述这些化学反应的效果。我们的情感和心情（e）一旦被触发，往往久久不能释怀，这时我们就需要通过运动（motion）来排解。emotion 这个词提醒我们，情绪反应中产生的一些负面能量应当以健康的方式消除。如果处置不当，那么我们的情绪可能会在无意中通过其他损害自己或他人的方式表现出来。

学会驾驭情绪，可以让我们的工作和生活变得更为高效。

> ▶ **实践应用**
>
> 　你是否意识到了自己的价值观？你是否遵循价值观的指引行动？你是否设定了目标？你是否制订了行动计划来帮助自己达成目标？你是否将目标与他人分享，并让他人帮助你专注于实现自己的目标？你能否在情绪产生时意识到它？你能否管理情绪？你想要如何进一步忠于自己？你的企业如何更好地培养、鼓励员工忠于自己的文化？

你已经了解了忠于自己的含义，下面来谈谈什么是忠于他人。

什么是忠于他人

忠于他人意味着与他人建立关系，对他们敞开心扉并支持他们。这表示要与你合作的人会面，扩展你的社交网络。你和你的同事并不一定是最好的朋友，但与他们保持真诚的关系确实会提高你们的合作质量，因为你们之间会产生情感纽带。

约翰·帕克（John Parker）和爱德华·哈克特（Edward Hackett）是情绪领域的两位专家，他们曾说过："情绪可以激发创造力、拉近社会联系、降低合作障碍。"情绪可以起到社会润滑剂的作用，进而造就一种能创造伟大思想的人际关系。

谷歌公司最近也得出了类似结论。他们想弄清楚是什么让他们的团队比其他团队更善于合作。他们开展了大量研究，希望找到能够量化并与其他团队分享的成果，比如团队规模和生产工作结构等因素，但他们发现最有影响力的因素之一竟然是心理安全。成员们能够畅所欲言，不必担心会遭人非议的团队正是合作能力最强的团队。谷歌发现，"没有心理安全，就谈不上真正的合作"。

当人们足够尊重他人，愿意倾听他人意见的时候，心理安全就建立了。在这样的人际关系中，我们更能够真正倾听别人的话语。我采访的一位硅谷企业领导者谈到了"明智地选择措辞且愿意原谅对方"的重要性："如果你不能这样对待他人，那么你也没法指望他人会这样对待你。我们都疯狂地想要表达自己的想法，这并不是一件坏事。关键在于具体方法。"

想象一下你与来自企业各部门的 12 个人参与同一个项目。你们团队有一项非常重要的任务：为青少年设计一款新产品。这将有助于企业吸引新的客户群体。团队已经前后召开了 7 个月的会议，但至今你们仍旧无法拿出一些高级管理层期待已久的金点子。相反，成员们神经疲惫，表现出不良的人际关系。

你的一名同事这样描述会议："我们都想证明自己的观点，同时又反对他人的观点。我们总是在没有证据的情况下就对他人的想法妄加评判，只关心那些能够支持自己观点的数据。我们甚至不愿倾听别人在说什么。相反，等他们说完后，我们又跳回到自己的想法中去。更糟的是，在他人说完之前，我们还会打断他们的发言。"

她继续引用托马斯·杰斐逊（Thomas Jefferson）总统的话："我从未见过一个或两个争执者通过争论来说服对方。"她总结道："尽管大家都知道这一点，但我们仍然坚持通过争辩来说服他人。虽然我们在说话时彼此离得很近，甚至就是面对面，但我们没能相互沟通。"

想象一下，你的同事本应该这样描述团队的进程："我们通过对话共同思考问题，而不是所有人聚在同一个房间里，却仍然自顾自地思考。""我们提出了新的想法，这是之前从未想过的事情，但我们不介意与别人分享。我们可以运用集体经验来选择替代方案，并将它们一一进行对比。我们很高兴能够成为这个团队的一员。"团队是如何运转起来的？"这都要归功于成员之间的相互联系。刚开始合作时，我们花时间彼此了解。在后续工作中，我们也继续建立人际关系，这就是团队成功的秘诀。"

第一个案例代表了那些未能忠于他人的员工，第二个案例则描述了能够忠于他人的员工。你更喜欢哪一种？

> **▶ 实践应用**
>
> 你忠于他人的程度有多高？你是否会有意识地与同事建立人际关系？你的企业是否推崇员工之间建立人际关系和情感纽带？你的企业是否对员工强调忠于他人的重要性？

忠于工作的含义

忠于工作是指致力于探索并商定完成每个项目最好的想法和最正确的工作方法。能达成最好的结果，比任何人都能畅所欲言更重要。

如果人们认为自己的答案是最好的，而且他们的工作就是说服其他人相信这一事实，那么合作就没法顺利进行下去。如果员工知道自己的知识相当重要，而且最好的解决方案是将众人的好点子结合到一起，那么工作起来就会更和谐。

下列两项关键技能可以帮助你忠于工作：乐于接受新信息、探寻多种选项。

1. 乐于接受新信息

每个人都有自己的"知识领域"。然而，我们往往只有在犯下错误后才能认清自己知识的界限或边缘在哪里。当我们和别人展开讨论时，我们会意识到自己进入了一个不确定的领域。突然，我们就从确信变成了猜测。理想情况下，这可以激发我们的学习欲望。在拓展自己的技能时，我们乐于学习新知识：我们留意所见所闻，审视相关细节，利用感官获取信息，并找到信息的规律。

2. 探寻多种选项

当我们与他人合作时，对细节和大局问题做出正确的决策就变得更加困难了。这意味着要提前做好功课，这样我们才能在会议现场有所贡献。我们还需要把初步结论暂时放到一边，让每个人都能够先从不同的角度看待和分析各种选项。这就像是纵览整张视错觉图（同时看到年轻女性、老太太和老先生的图像）。团队工具可以帮助你看清不同的观点，并引出团队的集体智慧。

▶ **实践应用**

你的领导是否会奖励那些忠于工作的员工？你接受新信息和学习的开放程度有多高？你的企业是否会运用工具来帮助团队探寻多种选项并获得最好的结果？企业是否提供培训项目来教授这些技能？

忠于企业

忠于企业是指专注于企业的目标，并确定自己能为企业做出什么贡献。这种能力取决于你对企业和其发展方向是否具有敏锐的认识。忠于企业还意味着了解企业的目标，以及你和其他员工如何才能帮助企业达成目标。

用亚伯拉罕·林肯（Abraham Lincoln）的话说："努力付出就是把自己许诺过的内容变为现实。"致力于某项工作时，我们的动机是希望主动承担责任，而非仅仅是对请求做出回应。如果我们对工作充满热情并希望它能够成功，我们就会努力付出并主动担当责任。要做到这一点，需要我们将个人的智慧和情感与工作、同事、企业紧密联系在一起。这种联系的产生不仅仅是出于我们为企业工作并得到薪水，更是因为我们被视作企业的重要贡献者。

1. 领导者在帮助员工忠于企业中起到的作用

企业的领导者在创建企业文化的过程中扮演着重要角色。企业文化应当能够吸引员工共同参与，从而让他们更忠于企业。如果员工对于制定重大决策所需的信息一无所知，那么他们就无法帮助企业达成目标。合作型企业的领导者会不断与员工分享信息，并提供足够的背景说明，以便他们更好地理解问题。

让我们来看看脸书网（Facebook）是如何做到这一点的。"不同于其他科技公司……不向员工透露项目和企业目标的做法，脸书网经常和所有员工分享各种各样的秘密。"

马克·扎克伯格（Mark Zuckerberg）与脸书网的其他领导者会与员工分享机密和专利信息（包括公司战略、发展方向等）。这些信息并没有通过不正当途径泄露到公司外部，因为马克与员工之间有很强的互信关系。分享公司机密信息时，他会公开告知，而他也信任员工会对外保密。企业将员工视为成年人，并期望他们以应有的方式行动。

这并不是说所有企业都应该公开一切。建立合作精神的企业都需要决定其在各种问题上的开放程度，再与员工进行适度的信息共享。

2. 员工起到的作用

一旦领导者决定与员工共享信息，就需要员工适当地使用这些信息来做出更好的决策，这样才能产生更大的影响。

如果企业的总体方向发生了改变，并且领导者们已经分享了这些变化的相关背景信息，那么即便员工个人对一些项目充满热情，但如果这些项目与大局观不匹配，他们也需要自愿放弃。当他们明白这样做的必要性时，就更容易接受放弃项目的事实。

> ▶ **实践应用**
>
> 你所在企业的领导者们是否通过与员工分享信息并交代背景情况来帮助他们忠于企业？你所在企业的文化是否让员工愿意努力付出并主动承担责任？员工是否理解共享、保护及合理使用隐私信息所需的信任关系？

在实践中学习个人技能

下列案例研究将向你展示 4 种个人技能。假设你是一家宠物用品企业的市场调研主管。企业的基础产品是各式猫狗项圈，它们是销售业务的重要组成部分。

一位发明家近期与企业联系并带来了创新产品。她的设备提供了颜色、宽度和材质等一系列选择，让顾客能够自行设计项圈。企业领导要求你进行市场调查，确认顾客是否喜欢这款产品，以及他们是否愿意支付使用该产品所需的额外费用。

于是你设计了市场调查问卷来帮助回答这个问题。研究结果显示，顾客更倾向于买价格更低的现款宠物项圈。

这让你左右为难。因为你知道，虽然市场调研数据非常有价值，但有时它并不全面，尤其是当推出的新产品与现有产品大相径庭时，顾客很难将其概念化。你认为此次调研的结果也是如此。面对这种矛盾，你决定用 4 种个人技能来帮助你确定下一步该怎么走。

1. 忠于自己

在这个案例中，忠于自己意味着什么？你怀疑这项研究的结果很可能失之偏颇，因为消费者无法想象新项圈比现款项圈更好在哪里。如果你的想法正确，那么你就应该反驳调研结果，并建议企业采购这款创新产品。

但采取这一行动可能会降低你的调研报告的可信度。如果未来出现意见分歧，其他人可能会质疑你的调研数据是否应该被忽略。从这个角度来说，忠于自己也许意味着维护你的声誉。在这种情况下，你可能应该建议不要采购这款产品，但是你的直觉告诉你这个答案是错误的。在你决定前进方向前，案例模型要求你将 4 种个人技能全数考虑在内。于是你转而求助第 2 种技能。

2. 忠于他人

你停下来思考忠于他人的含义，这时你记起负责新产品跟进的团队中有一位工程师曾在项目早期沟通时公开反对新款项圈。

你意识到，如果参加下周的会议并建议公司采购该产品，这位同事肯定不会满意。他需要机会提出自己的观点，帮助团队做出最恰当的决定。你尊重他的专业知识，相信他能帮助团队确定正确的前进方向。你也不希望让他感觉自己被出卖了。你觉得需要在会议前和他谈谈，让他知道你希望他在会上分享观点和证据。你很感激这套模型让你意识到了这一点。

3. 忠于工作

忠于工作指的是帮助企业正确抉择是否应该销售这款产品，这似乎很简单。难点在于，现在下决定还太早。俗话说："预测是一件很困难的事，预测未来尤甚。"在这种情况下，无论是同意还是放弃采购新产品，都可以找到充分的理由来印证。

因此这是个引入团队合作的绝佳机会，让一群聪明的员工把他们的个人专长整合成一个集体头脑。本案例中，忠于工作是指通过团队协作做出更好的决策。你可以通过一些活动来对比这两个选项，并在此基础上开展有效对话。你认识到还需要收集更多有关新产品上市所需成本和企业运营模式所受影响的数据来供讨论。

4. 忠于企业

忠于企业就要从整体角度出发重新审视这款产品。企业目标中有没有推动或阻碍前进的要素？例如，企业是否希望提高宠物项圈在销售业务中所占的比例？如果是，这将鼓励企业采购这款产品。还有哪些其他方面的变化（或市场需求）需要在决定是否采购产品时加以考虑？

你确信企业领导者们正在认真考虑这些问题。但为了再次确认，你在会议议程中增加了一个项目，探讨该项目与企业总体发展方向的关系。个人技能的模型此时又帮助你丰富了讨论内容。

市场调研主管如何将全部个人技能整合起来

现在你已经从上文的 4 个角度分别评估了这款宠物项圈产品，是时候得出一些结论了。第 2、3、4 种个人技能非常直观，并提供了一些你可能忽略的重要观点。将这三个领域学到的东西整合后，现在你知道是时候运用第 1 种项技能——忠于自己了。

这个模型现在已经失去了平衡，因为其他 3 项很快就解决了，所以你花了更多时间思考第 1 种技能：忠于自己。

这种不平衡不一定是坏事。当我们很难对这 4 种技能中的某一种下判断时，其他 3 种技能中得到的观点可能会让我们有所借鉴。我们可以扪心自问："在这种情况下，同时满足忠于自己、忠于他人、忠于工作、忠于企业会是什么样的感觉？"

当你开始探索忠于自己的意义时，你认为无外乎有两种结果：要么反驳你的市场调查结果，并建议企业采购发明家的创新产品来销售宠物项圈；要么坚持你的研究结果（即使你个人不同意），以此来保持你未来研究的可信度。

下页的图形象地描述了目前的状态，由于 4 种视角中的一种较为模糊，或因其他原因显得更突出，"忠于"模型被拉伸且失去了平衡。

当你现在再来思考忠于自己的含义时，你意识到这不是一个非此即彼的选择。你意识到要忠于自我，就应该同时分享调研结果和你的直觉判断，即企业应该采购这款宠物项圈。然后你让团队其他成员都参与进来，根据项目和企业相关数据分析这两种选项。最后，你们团队作为一个整体得出正确的决定。

你能够得到这个新结论是因为你信任团队成员会结合背景信息听取你的

观点，因此你不必担心未来市场调研的可信度。你知道同事们既重视市场数据，也尊重你提出的观点。因为这种信任关系，你明白自己可以公开分享两种截然相反的观点。在这个"忠于"模型的协助下，你事先进行了充分的思考，因此你有能力促成对话。

"忠于"模型：失衡状态

在现实工作中运用 4 种个人技能

现在你有机会亲自尝试运用这 4 种个人技能来解决问题了。

本书第六章将告诉你前两种个人技能——忠于自己和忠于他人——的相关技巧。第七章则会提供一些能够让你提高忠于工作和忠于企业这两个技能的举措。

▶ **实践应用**

设想有一个在工作中需要通过合作来解决的重要挑战。当你思考忠于自己在其中有何意义时，得出了什么结论？这个案例中的个人价值观对你产生了什么影响？你是如何应对的？你是否有与该挑战相关的个人目标？你对这个问题有何感受？面对这个挑战时，你需要如何管理自己的情绪？

接着，考虑一下忠于他人在此处意味着什么？需要哪些人帮助解决这个问题？他们如何参与进来？你是否已经与他们建立了人际关系，抑或是你仍需要时间来建立这种关系？

下一步你需要思考的是忠于工作的含义。你如何利用集体头脑来得出解决这个问题的最佳思路？其他人目前是否有不同看法？你如何带着开放的心态去探究这些不同看法和其他差异，以便推选出最好的观点？

最后，你该如何忠于企业？哪些宏观问题或目标会影响本案例中的问题？你的企业在这一挑战中的最大需求是什么？在该问题上，你如何在讨论中兼顾这些企业全局问题？

现在花些时间，借助这4种技能回顾整个解决问题的过程是如何运作的。从这4个角度分别思考：你面临的挑战能否强化你的思维方式？你看待事物的角度是否有所不同？这个模型是否指引你获得了任何额外的结论，或让你采取了额外的行动？你是否运用了全部4种技能？又或者你是否缺乏其中的某些技能？

第六章

前两种个人技能：忠于自己和忠于他人

THE
POWER
OF
COLLABORATION

忠于自己就是要理解自己的价值观、目标和情绪，但这只是第一步。除了认识到你的价值观，你还需要实践它们。除了拥有目标，你还要思考如何去实现目标。了解自己的情绪后，你还必须对它们进行管理。

以下技巧可以帮助你澄清价值观和目标，并管理好自己的情绪。

理解你的价值观

第一步：建立价值观清单

你最敬佩的人是谁？他们是仍然健在或已经去世的人，还是你认识的人或通过阅读了解的人？他们在哪些方面值得你敬佩？他们身上体现出了哪些价值观？其中与你最相关的价值观是哪一种？请你花些时间列出这些价值观。

接着问问你自己："生活中对我最重要的是什么？如何描述我所奉行或想要实践的价值观？"把这些答案也添加到你的列表中。

对你很重要的价值观可能包括：真诚、成就、自主、平衡、专业、关怀、合作、联系、创造力、平等、家庭、健壮、慷慨、努力工作、健康、乐于助人、诚实、正直、学习、领导力、守时、可靠、宗教、灵性、力量、成功、传统、智慧等。

第二步：适当为你的价值观"瘦身"

现在你可以建立一张自己的价值观清单。如果超过 10 条，请对它们进行缩减。每条价值观的重要性分别体现在哪里？根据这些理由缩减清单。

第三步：对价值观进行排序

现在按照优先程度对你的价值观清单进行排序。哪一项对你来说最重要？第二重要的是什么？这种优先排序过程很关键，因为有时一些价值观可能会相互冲突。如果出现这种情况，你需要知道哪一条才是最重要的。

例如，你的两个价值观可能是家庭和事业上的成功。这两项都需要你投入大量的时间。因为时间对我们大多数人来说是有限的，所以有时你不得不选择其中一项。这时你会怎么做？如果你提前考虑到了这种价值观的矛盾，你就更有可能选择能让自己心安的价值观。

第四步：随时随地思考

一旦你有了优先排序的清单，就可以随身携带。用它来提醒你关注自己的价值观，看看你是否能够很好地实践它们。你甚至可以设定目标，每天都花时间思考自己的价值观（例如上下班时）。

设定你的目标

制定目标的理由有很多。在我看来，最好的一点就是拥有目标能给你带来动力。我自己与领导者和员工的协同工作证实了布莱恩·特雷西和其他专家的发现，即实现目标是建立自尊的最佳途径之一。

目标也有助于你在追求一时享乐前优先考虑那些对你来说真正重要的事情。这一点在工作中尤为重要。更远大的目标可以提醒你避免去做有害的事情。例如，如果你记得自己的远大目标是成为一个领导者，它就可以帮助你找到一个更恰当的情绪表达方式，而不是在难过的时候对他人大喊大叫。

人们在创造有效目标时，经常使用"SMART"原则作为指导。通过考虑以下 5 个方面，你就可以制定出更加实用的目标。

▶ S（specific）表示明确。你需要详细、清晰地阐述自己的目标。问问自己目标为何相关，哪里相关？将这些内容添加到目标的表述中。

▶ M（measurable）表示可衡量。在目标中加入一个元素，让你能够跟踪目标的进展程度并了解自己何时能够达成目标。

▶ A（attainable）表示可行。设定的目标不能超出你的能力范围。如果创造了无法实现的目标，你就可能会放弃。如果你的目标太过容易实现，那么你也可能会发现目标的价值微乎其微。

▶ R（realistic）表示现实。如果你既有意愿又有能力去完成一个目标，那么它就是现实的。你要么有相应的能力，要么知道自己可以学习所需的知识。

▶ T（timely）表示适时。你想什么时候实现这个目标？添加一个日期，这将激励你在相应的时间段内完成目标。

下面的提示可以帮助你在创建目标后确定并完成它们。

▶ 你是否有与已经列出的目标相关的隐藏目标？如果你还有希望实现的隐藏目标，那就把它罗列出来。如果你的隐藏目标才是真正的目标，那么就用它替换原有目标。如果隐藏目标不符合你的最佳利益，那就放弃吧。举个例子，假设你确定了一个目标，要在 2020 年 6 月之前获得工商管理硕士（MBA）学位，但你真正的目标是在企业中晋升到副总裁的职位。因为所有的现任副总裁都有 MBA 学位，因此你认为获得学位是晋升副总裁的先决条件。你跟企业领导确认过这一点吗？如果没有的话，你可能已经设定了错误的目标，它可能没法帮你实现成为副总裁的真正目标。

▶ 正面陈述你的目标。专注于你想实现的东西而不是你想摆脱的东西。积极的目标会使我们朝着自己想要的方向发展，这比消极的目标更有启发性。

▶ 设想自己达到这个目标时的情景。提醒自己，当你成功的时候会有怎样的感受。

▶ 确定如何才能达成目标，并制订行动计划。你将采取什么步骤？什么时候开始实施？你还需要哪些人的参与？把这些行动全都列在日历上。思考这些承诺与你所做的其他事情同样重要。

利用情绪来帮助你自己

安布鲁斯·比尔斯（Ambrose Bierce）有这样一则格言："最让你追悔莫及的话语一定是在你生气的时候说的。"

合理利用我们的情绪首先要从意识到情绪的产生开始。认识自己的情绪是至关重要的第一步。一旦我们知道自己有了情绪反应，下一步就是弄清楚我们的情感及其产生的原因。

1. 识别你的情绪

研究表明，只有 1/3 的人能够正确识别自己的情绪，其他人都不能。如果我们不知道自己正在经历什么，那么自然也就无法管理它。不过好消息是我们可以学习如何识别情绪。我们可以培养情商并利用情绪来帮助自己。下面是一个在情绪产生时识别和理解它们的实用方法（这个过程主要是针对负面情绪，因为我们大多数人在识别或处理积极情绪时不需要额外帮助）。

▶ **认识到你对某些事情抱有消极想法**。注意你此时出现了反应，这就表示你产生了情绪能量。它意味着你需要意识到正在发生的事情。

▶ **识别你的感受**。问问自己你经历了什么。你的身体有反应吗？你的肩部肌肉绷紧了吗？你的胃抽筋了吗？现在找出你的感受。你感到困惑、愤怒、失望还是受伤？在你能够快速、准确地说出自己的感受之前，可能需要经过一段时间的尝试。坚持练习，这会渐渐变得更容易。

▶ **花时间探索你的感受**。如果你能找到一个安静的地方并保持一段时间的专注，那是最好的。你与他人互动时，这往往很难做到。如果你能花些时间去弄清楚到底发生了什么，然后再决定你该如何行动，那就容易多了。

如果你正独自一人，那么就能很轻易地进行探索。如果你与相处得很好的人在一起，稍微花些时间专注于自己也比较容易做到。如果是在工作场合，你可以选择去洗手间。

如果无法脱身，那么你可以在身体不离开的情况下暂时进行内心的探索。

威廉·尤里 （William Ury）将这种行为称作 "去阳台"，即后退一步，从旁观者的角度分析正在发生的事情。

如果当时你根本不可能探索自己的内心，那么就暂时停下来，并尽快找机会探索你的情绪。

▶ **冷静下来**。当我们试图了解自己的感受时，反而可能会更加投入到这些感受中去。问题是，如果我们沉浸在这些感受中无法自拔，就很难进行客观的对待和分析。这就变成情绪控制了我们，而不是我们在管理它们。当情绪不再控制你时，你才能管理它们。因此这时你需要稍作修整，想想积极的事情，直到感觉平静下来为止。对有些人来说，可以想想心爱的人，对另一些人来说，可以想想喜爱的宠物。

现在你已经能够识别自己的情绪了，那么下一步就是管理它们。

2. 管理你的情绪

如果不能有效管理自己的情绪，它们就会伤害我们，尤其是在与别人打交道的时候，后果更加严重。一旦无法控制情绪，我们的行为可能会导致别人不再信任我们，并且会让我们变得盲目，无法理解他人的想法。一位硅谷企业领导者针对这个话题表示："人们总能找到外部原因当作借口，来解释为什么事情总会发生在自己身上。我们要做的是不再找借口，而是把自己看作有能力的人，相信自己能够掌控周围发生的事情。"

自我管理代表着我们能够认识到自己的反应，并做好情绪反馈。这意味着我们要考虑是否要对他人表达情感，以及如何将情绪通过适当的方式展现出来。我们还应该思考如果我们无法直接表达情感，又该如何通过有效的方式来释放这些情绪。

许多人觉得探索自己的思想比探索情绪更容易做到。如果你也这么想，那么现在是时候醒悟了，像探索思想一样仔细探索你的情绪，可以带来极大的好处。

以下 4 个步骤提供了一种管理情绪的流程。

▶ **确定引发你情绪反应的源头**。你的情绪是如何被引发的？是他人的话语还是某种行动？别人是怎么说的？你为何感到烦恼？是因为内容还是语调？

▶ **进一步解读**。想想那个引发你情绪反应的事件。如果是别人的语调，你从中推断出了什么？如果是内容，你做了什么假设从而导致了你目前的反应？

认识到你最初的解读可能是错误的。去探究其他的问题，这意味着暂时搁置你的第一印象。如果结果准确的话，你可以稍后再回顾。

问问你自己，还有什么其他的解读方式。试着提出几种可能的解释。试着站在他人立场并从积极的角度思考，这是否会改变你对他们言行的解读结果？

你的其他解读会改变你的感受吗？这些新的解释能让你对其他人产生同情吗？它们是否能帮助你发现其他人的本意并非你想象的那样？

扪心自问：我是否过于沉浸在眼前发生的事情中，以至于迷失了更重要的目标？

即使你发现自己最初的解读是对的，你仍然可以选择自己应当采取什么行动。你也许会发现采用其他的情感方式可以帮助你在"忠于自己"的同时，与他人保持有效的工作关系。例如，在寻找其他解释之后，你依旧觉得苏珊对你没有做足研究的指责是错误的。在思考其原因时，你意识到她对你和其他人感到不满，因为她一直试图加入对话，但始终没能成功。她的行为是不恰当的，因为她没有很好地管理自己的情绪。由于看到了深层的原因，你决定原谅她。

▶ **采取行动**。你能通过什么行动来有效排解情绪能量？

基于刚刚经历过的事情，你是否需要采取行动来解决这个问题？具体行动有哪些？

你有没有无法表达出来却又挥之不去的情绪能量，需要通过健康的方式进行排解？体育锻炼是一种释放情绪的好方法（例如，利用午餐时间散步）。你也可以请朋友或同事进行辅导。你们需要互相保留"安全距离"来帮助解决问题。让他们中的一个人为你提供新的观点，或帮助你用更加有效的方式排解剩余的情绪。

▶ **祝贺自己**。你在自我辅导方面做得很好。你合理利用了情绪反应来让自己变得更有效率，没有让情绪以不恰当的方式发散出去。

通过坚持遵循这个流程，你不仅解决了当前的问题，更提高了情商。它会在你的脑海中形成新的思维，引导你在未来以新的方式解决问题。

认清自己的价值观和目标，并尽可能地将它们付诸实践，这会在工作和生活中给你带来满足感。它同样适用于提高你识别和管理情绪的意识和能力。忠于自己会帮助你更好地与他人开展合作。

这些忠于自己的技巧的运用对象是你个人（有别于那些更注重团队或企业实践的技能）。虽说如此，但如果企业文化推崇这种做法，那么我们就更容易致力于自我发展。你可以协助企业培养一种帮助员工忠于自己的文化。

跟你的领导商谈，告诉他们在管理层推行这种做法能够带来什么不同的结果。

一位硅谷企业领导者告诉我她的工作环境是这样的："我在这家企业工作了很多年。每一项工作、在每一个团队工作的经历总有让我学习和进步的空间。这不是因为他们认为我缺乏知识，而是为了我自己的个人和专业发展。我们企业允许并鼓励员工拓展见闻，在学习中成长。

> ▶ **实践应用**
>
> 你能否利用这些技巧来帮助自己认清价值观？你是否有自己的目标和实现目标的策略？你能否用这些技能来提炼自己的目标？需要驾驭情绪时，你会如何进行自我评估？你可以立刻尝试用这个流程来更好地控制你当前的情绪感受。

忠于他人的技巧

有些工作场合似乎不推崇帮助他人。大家无法想象他们为何要这样做。相比之下，我在研究硅谷合作模式时所接触到的企业则树立了完全不同的文化，员工们想象不出有什么不互相帮助的理由。

如果理解了与他人合作的价值，我们的行为就会随之改变。一位硅谷企业领导者向我强调："我们需要一个安心的环境，让人们自由发表自己的意见。人们可以提出任何问题。在这样的环境中，每个人都会对自己的言行负责，我们也可以共同创造成果。"

在这种文化中，没有相互指责，取而代之的是各抒己见。

另一位硅谷企业领导者也表示："如果你总是崇尚竞争，喜欢独自囤积思想，不与他人分享，也不去帮助他人，你的同事会认为你是自私的。这种人最终会选择离开我们企业。"这是硅谷企业文化的一种表现。他们积极鼓励信任、尊重和分享，因此不认同这些价值观的人通常会觉得无所适从，最终会离开。

如何与他人建立关系

一些简单的行为可以帮助你更清醒地认识他人，并与他们建立联系。这些行为包括：

▶ **有意识地建立关系**。我们与他人的联系越少，有效合作就越困难。当我们建立了相互尊重的关系时，它能够加强我们协同工作的能力，这一点并不难做到。

伸出手去认识你的同事。不要被动地等待他们对你个人和你的想法表现出兴趣。主动寻求同事的参与，询问他们的观点，认真倾听他们的发言。

工作不顺利时，不要抱怨，而是提出替代方案。

寻找帮助同事的方法。不要总是期望得到回报。

▶ **做好准备，像发言时那样有意识地倾听**。大多数人在发言之前都会整理自己的思绪，这能帮助我们更理性地探讨问题。然而很少有人在倾听时同样做好准备。这其实同样重要，而且能够带来积极的变化。

▶ **倾听各种可能性**。有些人相信人们只有通过批评别人的发言才能更好地体现自己的价值。于是他们带着吹毛求疵的心态去倾听。相反，如果你主动倾听并接受他人提出的观点，那么许多对话的走向就会完全不同。

▶ **用鼓励他人倾听的方式发言。**用一些能够吸引别人关注的方式来发言，满足他们的好奇心，而不是把听众放在对立面上。比如，"你的想法不对，因为……"这么说可能会让对话无法进行下去甚至引发争论。相反，你可以说："你认为你的想法会朝……的方向发展，但如果出现了……的情况，我们该怎样处理？"

▶ **记住，情绪会影响所有讨论。**如果我们能更好地意识到自己和他人的感受，就能透过表象看到深层问题。如果我们忽视这些情绪，它们可能会发散出来成为阻碍。

▶ **发掘人际关系中的价值，尤其应该关注那些难以维持的关系，寻找其中的价值。**

对于员工为与他人建立联系而付出的努力，一位硅谷企业领导者这样评论道："员工们在一起工作就好比你虽然不是圣人，但也会每天去教堂。民主不仅仅是每两年或每四年投一次票那么简单。我们的员工愿意为团队和企业全力付出。即使相互之间的关系并不那么好，员工们也愿意与他人一同合作。"

先探究，后主张

我们与同事一起努力建立的关系可以被加强或削弱，这是由我们在合作时的行为方式决定的。如果我们重视他人的观点，那么我们就应当表现出来。

我们在团队合作中经常使用的两种工具是探究和主张。我们通过探究来研究问题并收集信息。而当我们准备缩小思考范围并做出决定时，我们会主张众多观点中的某一种。这两种工具都可能会强化或伤害同事之间的关系。

结果如何取决于我们怎样具体使用这些技能。

假设你是一个新项目团队的成员，今天会议的议程是讨论未来的发展需要。根据以前的经验，你相信团队需要高级管理层的支持、更多的资源和更清晰的预期目标。主持人介绍了会议的主题，并让团队成员提出他们的想法。

你面临着选择：你可以直接发言并主张这三种需求，然后尽可能说服其他人停止思考，拍板定夺；或者你也可以先给别人一个发言的机会，看看他们的提议是什么。

我们往往过早地开始主张自己的观点，但这样做可能会破坏通过公开对话来填补知识空缺的既定目标。除了你所提出的三点意见外，其他人可能对团队需求也有着很好的想法。如果你一味地主张自己的观点，其他人可能就不会提出自己的看法。一般来说，在主张之前先进行探究是最有效的方法。这样在浓缩自己的观点并主张某些解决方案前，能先听取其他人的好主意。现在你已经了解到应该把探究放在第一位，那么就让我们接着来看看使用这种工具的最佳方式是什么吧。

1. 有效的探究

▶ 详细介绍有关话题，确保与会者都清楚讨论的目标和范围是什么。如果成功会怎样？成功的标准是什么？探究的目的之一就在于深化团队成员对这个话题的了解。

▶ 鼓励那些准备好发言的人分享他们的观点。花时间理解和研究那些看起来可行性最高的观点。

▶ 在分享支持观点论述的原因和假设时制定一套标准，评估它们是否适用于议题所对应的情况。

▶ 通过提问来鼓励与会者更深入地思考并分享新的看法。有许多方式可以帮助你做到这一点。例如，你可以提出一种类比，将话题转向某个方向，或是动员大家集思广益，寻找看似独立的对象之间的相关性，帮助参加者看清几个工作主题之间的关联。

▶ 澄清所做的发言，避免误解或不同的解读。

▶ 结束对话前，确保与会者的需求得到了满足，并准备好进入下一个环节。

确定探究目标已经完成后，你就可以继续下一个步骤了，这往往指的是缩小你的选择范围，找出最佳答案。

2. 成功的主张

▶ 定好会议主张部分的相关要素，确认目标及达成目标的标准。主张阶段的目标之一是缩减合适选项的数量。

▶ 接着，与会者应该对比这些选项，选出各自认为最好的观点并说明理由。他们应当用证据来支持自己的观点，并提出所做的任何假设（第七章会提供一种对比选项的流程）。如果发言者能够阐述其他成员尚未想到的新思路或新发现，这会对团队产生极好的帮助。

▶ 对于可行性最高的选项，团队应当积极寻找反证。相互矛盾的信息或许可以揭示你以前没有注意到的缺陷。如果找不到任何反例，这可能表示你对这个选项已经有了彻底的认识，当然也可能意味着你研究得还不够透彻。比起没能发现缺点而导致项目失败，你肯定还是希望提前发现并考虑这些问题。

▶ 记住，主张的目的并不仅仅是找到最适合这个项目本身的观点，还必须考虑到企业的利益。

▶ 要谨记，主张过程不是单方面倡导你的观点并要求他人同意。你需要用事实说话。提出你的逻辑和假设，通过探讨得出结论，最有说服力的主张自然会脱颖而出。

> ▶ **实践应用**
>
> 　　大多数人会对探究或主张有所偏好。你是否擅长使用这两种技能？你使用探究技能的能力有多强？你能否成功地提出主张？请进行自我评估并询问他人的意见。他们是否同意你的看法，或者他们是否有不同观点？请记住，你的目标是同时提高自己客观使用探究和主张技能的能力。

第七章

其他个人技能：忠于工作和忠于企业

THE
POWER
OF
COLLABORATION

大多数人认为自己是忠于工作的，但我们在单独工作及与他人合作时，忠于工作的意义完全不同。在团队工作中，由于成员经常会有不同的观点，因此忠于工作的困难程度更高。那些被冠以"特别"名号的团队往往能更好地吸收不同观点。能够帮助团队实现协同工作的两项关键技能是"乐于接受新信息"和"探寻多种选项"。

乐于接受新信息

我们能接触到的信息总量通常远远大于真正可以掌握的信息量。这是因为我们的大脑只会接受所有刺激中的一部分，其中一些刺激发生在潜意识层面。而当我们特意决定接受和忽略什么信息时，就是一种有意识的行为。

我们可以通过能力锻炼来获取更多相关信息，同时过滤掉不相关的内容。我们可以训练大脑更好地进行情境分析工作（快速评估周遭的环境，了解发生的情况并理解其意义）。这样做的结果就是让我们能够"透过表象看本质，透过话语听本意，透过外貌观内心"。

有4种工具对于训练大脑有效收集和使用信息特别有帮助，那就是："留意所见所闻""审视相关细节""利用感官获取信息"及"找到信息的规律"。美国海军前首席知识官阿莱士·本内特（Alex Bennet）对这些工具的开发起到了重要作用。使用这4种技能可以让团队更好地运转起来。下面是一些可以帮助我们学习这4种技能的练习。

1. 留意所见所闻

人们大都需要经常同时处理多项任务，但自己往往没有意识到这一点。我们坐在房间里或在楼宇间穿行时，会思考问题。我们偶尔会关注周围的环境，但在大多数情况下都无法做到。我们可能会考虑即将召开的会议或者经理刚刚说的话。甚至在下班回家的路上，我们可能也需要去杂货店买牛奶。我们并未主动留心周围的事物。我们像是开了自动驾驶功能一样，让大脑下意识地决定接收什么信息。

通过有意识的观察，我们可以训练大脑更好地关注重要问题。这并不等于永远停止多任务工作，大部分人也不愿意这么做。相反，我们要短暂休息一下，让大脑能够更好地自行过滤信息。

提高大脑关注更多事物的能力的一种方法是做反复观察和回忆的训练。想象一个你常去的房间（当前所在房间除外），列出你能记起的房间内部的所有细节。然后前往该房间，对比你的记忆内容和房间内的实际情况，并补上未能记起的项目。

几天后，重复这个练习。不要看修改过的清单，而是尽可能回忆那个房间的情况并记录下来。然后再次去到房间，对照一下自己是否回答得更完整了。你是否记起或又忘记了第一次回访中补充的项目？这次进入房间，你有没有发现一些第一次来时没有看到的新东西？

继续在不同地点重复这个练习。现在你应该能注意到并回忆起更多事物了。这种练习会让你在生活中的其他方面也能留意到更多问题。例如，如果你能注意到各种玩家在玩游戏时的举动及他们遇到困难时的应对方式，你的团队就应该能够设计出一款更好的游戏。

2. 审视相关细节

审视行为是指搜索大量数据并逐渐缩小范围，最终得到最符合特定情况的细节。既然我们要训练自己留意周边环境中的更多信息，那么我们自然也需要一种更好的方法来保留有价值的内容并过滤掉冗余信息。审视就像是"快速解读我们所在的环境"。

下次你进入陌生房间时就可以进行审视练习。花些时间快速环顾四周并把你所看到的景象映在脑海里。数一数桌椅的数量并查看它们摆放的位置。注意桌椅的颜色和材质。接着闭上眼睛，在脑海中记下这些内容。不要在纸上做任何记录，因为这是一种记忆练习。当你离开房间时，再次快速环顾四周来强化记忆你先前审视得到的细节。几天后，当你身在别处时，花些时间回忆那个房间的重点特征。几个月后，再回顾一下你还记得的房间的特征。

这个练习的目的不是像上一个训练那样，让你返回房间查看并增加你所记得的细节的数量，而是提高你快速审视一个新环境的能力，让你能够将有关的特征记录在脑海中，并在需要时回忆起来。

当你进入一个新环境中时，频繁进行这个练习。随着时间的推移，你会发现自己审视周围并决定记忆哪些特征的能力提高了。如果团队成员都致力于训练这项技能，那么你们的团队能力也会得到增强。

3. 利用感官获取信息

利用感官是指收集信息时尽可能多地运用我们的 5 种感官。当然，人类存在着生理上的限制，有些人患有永久性的视觉或听觉障碍。感冒时，很多人的嗅觉也会暂时降低。但如果暂且不考虑这些限制，那么我可以肯定，大多数人都能够更好地利用我们的 5 种感官来获取信息。

加强视觉利用并不只是为了更详细地观察事物，它也意味着察觉事物之间的相互关系。这项技巧可以帮助我们整理并理解所获取的数据。

提高洞察事物相互关系能力的一种方法是通过定位观察来分析你的周遭环境。例如，当你看到太阳时，会注意它在空中的位置及其与地平线的关系。现在记录下当前时间，并把这些信息储存在脑海中。某天你再次看到太阳处于那个位置时，就可以在不看表的情况下得出近似的时间。

注意街道拐角处的建筑物和其他永久设施，不要看道路标志。记下这些建筑，这样下次你不看路标也能认得这个拐角的位置了。

提升关联能力可以帮助你和同事解决工作中遇到的各类问题。想象一下，你正在重新设计企业销售的一款锤子。在观察不同顾客使用现款锤子时，你突然发现顾客的双手大小和手指长度直接影响了他们使用工具的能力。当你与设计团队分享这些观察结果时，你意识到如果设计一系列手柄长度和宽度各异的锤子，就可以满足不同手部尺寸的顾客的需求。你开始在这方面进行更深入的研究，并最终说服企业推出一整套全新产品。如果没有提高将不同事物关联起来的能力，你可能就不会注意到这一点。

听觉也能帮助我们更好地理解周围发生的事情。听觉线索可以传达各种信息，从而进一步强化我们看到的景象。你可以尝试一下这个练习：闭上眼睛，将注意力集中到听觉上。有什么人正在说话？你能听见人们走路的声音吗？还有没有其他声音？

识别出这些声音的源头后，你不用借助视觉就能够分辨它们是否与自己相关了。说话的人在哪里？你从哪个方向听到了脚步声？他们是朝你的方向走来还是朝你的反方向走去？如果你已经能够识别周边的声音，那么可以继续训练自己倾听更加微弱的声音。

下面是一项额外的感官练习：下次你和某人谈话时，请关注他的非语言线索。他的面部表情有何含义？他是在叹息还是停顿了？他是否会打手势？你觉得这些手势代表什么意思？根据话语之外的线索来判断他希望向你传递怎样的信息。语言只占人们交流的一小部分，你越能够熟练地解读这些非语言信号，就越能够理解别人的想法和感受。

4. 找到信息的规律

在一个充斥着信息的环境中，找到规律是一项至关重要的技能。我们已经提升了留意周围环境、审视细节和通过感官来获取数据的能力，现在我们还需要一种快速分析所有信息的方法，这一技巧就是发现规律。

如果你身处某个群体中，可以尝试寻找人们穿衣中的规律。例如，有多少人穿着短袖或衬衫？衬衫上有商标吗？你也可以关注建筑物或餐厅中不同房间的图案是否存在规律。下次排队时，不妨放下手中的移动设备，抬头环顾四周，看看你是否能从见到的景象中观察到任何规律。

随着时间的推移，你应该能够发现自己从各类数据中找到规律的能力有所提高，这些数据可以是员工或客户满意度调查结果、你正在开发的产品的有关问题或是你工作中的其他情况。想象一下，如果你所在团队寻找规律的能力得到增强，会产生怎样的结果？最优秀的团队正是由寻找规律能力很强的成员所组成的。

▶ **实践应用**

通过练习来提高你留意周围、审视细节、感知信息和寻找规律的技能相当有趣。如果你注意到自己的能力有所提升，这种感觉会很愉快。你可以试着花两周时间进行第一项留心周围环境的练习，然后在此后的两周时间中完成审视练习。接下来两周你可以练习自己的感官，而最后两周则用来加强你寻找数据规律的技能。你还可以考虑和其他团队成员一同提高这些技能，这样你们的工作质量会有显著提升。

现在我们来研究两种能够帮助团队更有效地分析选项的工具。

探寻多种选项

当我们对需要分析的选项进行热烈讨论时，有时能很顺利地达成共识和做出一致决定，很快就能提出正确观点。但其他时候，情况就不容乐观了，团队的意见很难统一。

我们通常认为迅速达成共识是最好的结果，因为大家都还有其他任务等待完成。此外，缺乏清楚的说明可能会招致不满，使分歧变得更加严重。这些不愉快的感受或许可以鼓励我们继续努力，但有时这并非最好的选择。

如果你想要分析和对比各种观点或选项，并从中选出能让团队继续前进的答案，却苦于无法达成共识，那么我所提供的流程可以帮助你轻松实现想要的结果。

1. 有条理地赞同与质疑

如果支持一个想法，我们会关注它相比其他想法好在哪里，并了解它如何帮助我们实现目标（我们称之为进行"赞同探究"）。如果不支持一个想法，我们更倾向于关注它存在的缺陷和可能导致失败的方面（我们称之为"质疑探究"）。通过条理清晰地提出赞同或质疑，我们可以将这两种态度结合在一起，而不必分成两派，让一些人收集证据力挺某种观点，而让另一些人又寻找反证来说明这个观点存在固有缺陷。这有助于团队更好地评估各种选项并找到最佳选择。

该理念是由彼得·埃尔鲍（Peter Elbow）最先提出的，而我根据多年来的企业合作经验，将其推演为下列举措，该举措由两个步骤组成：第一步，整个团队参与赞同探究。每位成员都着力寻找能够证明一个想法正确可行的证据。只有经过彻底研究后，整个团队才转而进行质疑探究，试图找到阻碍这个想法成功的因素。

在进行赞同探究的过程中，团队需要等待所有成员都找到有说服力的重要证据后，才能开始质疑探究。赞同探究的目的就是寻找一种想法的优势所在。首先，团队中的所有成员都需要理解这个想法。有什么证据支持它？其有趣之处在哪里？这个想法在何种情况下是正确有效的？我们提出的问题应该有助于确定这个想法有哪些积极层面。赞同这个想法的人应该帮助其他成员从积极的角度进行分析。我们还需要分享能够引出这些积极解释的证据和观点。

那些对这一想法持怀疑态度的人也应该一同探究这些优势，直到理解这种想法为止。换句话说，就是以开放的态度倾听不同的意见。只有充分理解了一种观点后，人们才有资格去拒绝接受它。赞同某个观点的秘诀在于我们必须通过努力研究来说服自己认同它，不能人云亦云。如果我们发现自己难以赞同这个观点，就必须继续努力，直到真正发现其他人也看得到的正面要素。

当团队能够全面认识与此想法相关的各种优势后，我们就可以进入质疑探究的阶段。现在是时候批判这个想法并寻找它的缺陷了。在此步骤中，参与者不应继续执着于该想法的优势，否则就无法找到它的缺陷所在。我们要做的是发掘会让想法变得不可行的因素，并寻找赞同探究过程中可能没有注意到的矛盾之处，思考这一想法在什么情况下行不通。

由于所有成员都充分参与了赞同和质疑的探究过程，探讨这个想法就变成了一种对话，大家一同去寻找最佳的行动方针。参与者们往往能够发现自己先前没有看到的优势，也能察觉先前没能意识到的缺陷。这让他们在决策时对问题有了更全面的认识。相比于传统探讨时大家各自主张自己的选择，现在成员们可以更好地相互倾听并理解对方想法的优缺点。

这个过程需要耗费大量时间和精力，因此它应该用于执行最重要的任务，或分析最有潜力的选项，而不是拿来讨论大家各抒己见时所产生的众多选项。如果讨论刚开始时找不到足够的事实来达成合理的结论，这个时候赞同／质疑探究的方法就会特别有效。

我采访的一位领导者分享了他在同行业中两家企业的工作经历，这两家企业的工作方式有着天壤之别。在他先前任职的企业，员工们认为自己比其他人更有知识和能力，因此更看重自己的观点，对他人的想法不怎么重视。这导致他人的想法几乎得不到采纳。这位领导者始终觉得这样的工作环境很压抑。这种文化动摇了企业成功的根基，因为员工极少借助集体头脑来共同研究某个观点。最终他选择离开并加入了一家风格迥异的企业。他坚信乐于接受他人的观点才是有效合作的关键。我也赞同这一点。

赞同／质疑的过程有助于我们创造鼓励合作的企业文化，也可以减少趋同思维。"趋同思维"是指团队成员的思考模式太过类似，因而会轻易支持他人的观点，无法通过相互质疑来找到最好的解决方案。

2. 难以抉择时：根据现有信息进行修正

我们在探究各种选项时，可能会发现没有一个选项完全符合我们的目标。所有的可能性都没法激起成员的兴趣。我们觉得继续进行当前的对话可能无法产生好的解决方案。然而，我们确信大家已经提出了最可行的选项，这意味着即使从头开始也不可能获得更好的选择。

这时，站在新的角度审视现有的选项可以帮助我们解决问题。我们的目标不是创造一个全新的选项，而是将已经进行的分析和一些新的想法整合起来，以不同的方式重新回顾目前的观点。在理想状态下，我们可以通过这种新的思维模式来创造一个结合了现有方案中精华内容的新选项。

要做到这一点，我们需要确定并分析当前选项各有什么优势（有利因素）和劣势（不利因素）。你可以用下方的工作表来发散思维，并帮助自己找到新的选项。

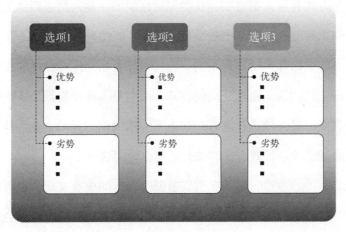

工作表

首先列出所有需要考虑的选项，然后确定每个选项的优缺点，并找出每个选项最关键的优势和劣势。

接着我们就可以创造新的解决方案了。该解决方案应尽可能整合现有选项的所有显著优点，同时尽量减少显著缺点。虽说你们确实是在创造新的选项，但并非从头开始。相反，它是通过将原有观点中的关键要素重新组织、合并到一起，从而产生的新思维和新的可能性。

需要记住，新的解决方案并非在不同选项之间进行折中，而是要将各方的优势有机融合在一起，从而满足团队的需求。

下列根据现有信息进行修正的实例可以帮助你更好地理解。假设你是一家墨西哥风味快餐连锁店的领导者。这家连锁企业的高级管理层决定开设更多分店。你和其他三位领导者的工作就是确定如何扩张才能为企业的整体成功做出最大的贡献。

经过大量研究，你的团队提出了以下3种方案：在几个已经取得成功的市场中开设更多家墨西哥风味品牌餐厅；进军一些新地区，并在这些新市场中开设连锁餐厅，树立企业品牌；在一些已经取得成功的市场开设一些新的汉堡包快餐厅。

你们花了几周时间在这个重要项目上开展合作。会议室里的白板上密密麻麻地写着事实和数字；打印出的演示文稿和电子表格副本堆积如山，上面画满了各种数据和图表。显然你进行了详尽的调研。

你们四人仔细审视了这些方案。尽管你已经竭尽所能，却没有一个方案能够脱颖而出，这令你们感到吃惊。你甚至考虑过是否应该从头再来，去寻找另一个更好的方案。不过经过思考，你还是认为即使重新开始也不会产生更好或不同的解决方案。因此你决定根据现有信息对方案进行修正。你提出了以下几个步骤。

第一步：确认现有方案的优缺点。

你得出了以下结论（在这个例子中，每个方案我分别只罗列了两个优点和两个缺点。在处理实际问题时，你列出的优缺点可能有很多）。

方案1：在几个已经取得成功的市场中开设更多家墨西哥风味品牌餐厅。

有利因素：

可以使用现有的供应链和配送中心来供货，节省开支；

可以利用现有广告，在营销方面也能节省开支。

不利因素：

喜欢你们食物的顾客大都早已光顾过现有分店，开设新餐厅可能会分流现有餐厅的生意；

企业可能已经在最好的地方开设了分店，在当前市场进一步扩张或许无法吸引足够多的新顾客来让餐厅盈利。

方案 2：进军一些新地区，并在这些新市场中开设连锁餐厅，树立企业品牌。

有利因素：

如果喜欢墨西哥风味快餐的人占到美国总人口中的某个比例（如33%），那么企业可以通过进军新市场获得 33% 的市场份额；

进军新市场让企业更接近于购买全国性广告，这往往比地区性广告更划算。

不利因素：

无法利用现有的供应链和配送中心，因此成本会增加；

现有的品牌知名度和口碑对新市场无效。

方案 3：在一些已经取得成功的市场开设一些新的汉堡包快餐厅。

有利因素：

即使新餐厅的菜单不同，企业仍然可以使用现有的供应链和配送中心来供货，节省部分开支；

现有的生意不会受影响，因为这些汉堡包快餐厅的目标顾客与现有的墨西哥风味餐厅不同。

不利因素：

虽然可以使用现有的供应链和配送中心，但需要储备不同的食物和配料，这会增加成本，使库存管理更复杂；

两个品牌的广告推广成本更高。

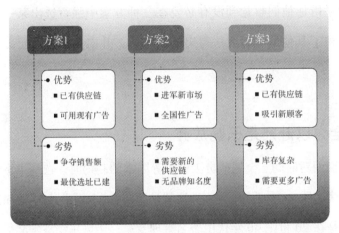

根据现有信息进行修正的实例：总结餐厅扩张决策

第二步：设计一个新的解决方案，尽可能整合3种原有方案的显著优点，同时尽量避免其显著缺陷。

在研究了所有的有利和不利因素后，显然最好的解决办法是多管齐下。你决定向企业的高级管理层建议：

（1）在几个现有餐厅所占份额远低于33%的市场中开设新的墨西哥风味餐厅；

（2）有几个市场的现有餐厅份额已接近33%的饱和状态，且调研表明顾客对汉堡包快餐厅不感兴趣，因此你决定把当前品牌转移到与之相邻的市场，从而利用部分现有的广告、供应链和配送中心；

（3）还有几个市场现有餐厅份额已接近33%的饱和状态，但调研表明顾客对汉堡包快餐厅感兴趣，于是你决定在这些市场试点开设几家汉堡包快餐厅。

根据现有信息进行修正能够帮助这些企业领导者们从新的角度看待问题。这种举措让他们察觉到没有必要在三种方案中强行选出某一种。这帮助他们获得了其他情况下无法得出的新结论，并向高级管理层提出了有力的建议。

3. 全力以赴还是干脆放弃

当我们面对时间、金钱或员工资源等因素的制约时，选择当下最合适的选项并付诸实践，才是明智的决定。这就是所谓的"退而求其次"（satisficing）。这个术语是在20世纪40年代由著名管理专家、诺贝尔经济学奖得主希尔伯特·西蒙（Herbert Simon）创造出来的。它是由"满意"（satisfy）和"足够"（suffice）这两个英语单词组合而成的，意思是在不可能找到最优解时，选择手头目前最好的方案。

然而其他时候，退而求其次也未必是最好的选择。如果特斯拉（Tesla）在设计第一辆全电动汽车时就退而求其次，会怎样？如果他们在找到最佳的车辆调试参数前就停下来，那么他们也许会设计出另一款非常好的混合动力汽车，但绝对无法制造出引领汽车行业变革的电动汽车。另一方面，假设特斯拉花了5年时间修改调试参数，却仍然没有找到最合适的方案，该怎么办？如果是这样，他们可能才会选择退而求其次。

萧伯纳曾说过："要想获得成功，就应该走那条优势最大的路，而非那条阻力最小的路。"不幸的是，如果我们正在筹备下一款激动人心的产品，那么此时根本不可能轻易决定未来的道路。一般来说，退而求其次是最好的选择，因为我们完成了任务，而且即使多花数月时间，可能也不会产生更好的结果。

有些团队所做的重大决策会影响项目乃至整个企业的发展方向，对于这些团队来说，退而求其次的概念至关重要。虽然无法轻易决定何时该"全力以赴"，何时该"干脆放弃"，但这些决定的重要性不言而喻。如果需要做出抉择，那么团队需要认真讨论是该继续努力还是退而求其次。

▶ **实践应用**

你如何评价自己对留意所见所闻、审视相关细节、利用感官获取信息和找到信息的规律这 4 种能力的掌握程度？你是否愿意努力提高这 4 个方面的能力？你有没有办法让你所在团队的成员一同参与进来，共同提高这 4 种能力？

你的企业是否存在诸如有条理地赞同 / 质疑等措施，通过它们来鼓励员工相互合作，在工作中做出更好的决策？你是否遇到过任何选项都不理想的情况？思考如何引导你的同事根据现有信息对候选方案进行修正。

忠于企业的技巧

1. 从理解到投入

忠于企业首先是要清楚地了解公司的发展方向，并朝这个方向一同努力。

只要员工理解他们的工作环境，就能更明确地知道企业的目标和策略。认识企业的使命及领导者对其充满激情的原因，以及企业的成就、失败和教训，我们就能更好地帮助企业取得成功。

将企业目标当作自身目标，这不仅是因为企业会支付我们薪水。如果我们能看到并理解更大的愿景，且领导者也把我们当作真正的合作伙伴，那么我们就会愿意更加努力地工作，帮助企业获得成功。

让我们通过一个硅谷企业的例子来分享一下忠于企业的感受。

该企业今年推出了一款新产品。大家都知道这意味着工作量会增加，但不知道具体会增加多少。而当工作真正交到手中时，我们有点胆怯了。如果没有他人帮助，这么多工作恐怕根本难以完成。

于是我们与几位领导者进行了非正式商谈。他们表示无法提供更多资源，因为企业陷入了财务困境。他们坦言，如果给我们更多资源，就意味着不得不从另一个团队抽走他们的关键资源，而这可能会危及新产品和企业的成功。目前企业迫切需要额外的收入。

因为领导者们如实告知了目前的状况，所以我们的工作走向了正轨。员工们尽可能完成好当前的工作。我们根据专业知识和所在地点合理划分了任务，但并没有死板地规定每个人的角色。一旦需要新的观点或帮助，我们就会立即重新分配工作内容。

由于大家的全情投入，工作变得非常容易。在领导者们分享了真实情况后，我们反而能放手去做了。领导者经常像对待值得尊重的内部团体成员那样对待我们，这就为最后的成功奠定了基础。

2. 领导者的任务

如果领导者能够告知员工企业发展方向的相关信息，那么员工就会做出积极的回应。如果领导者不仅分享了这些信息，还能说明相关背景和原因，那效果会更好，因为这会给员工提供他们做出正确决策所需的背景信息。这种信息共享会在员工和领导者之间建立起良好的合作伙伴关系。这种关系会让员工努力工作，而非对领导者百依百顺。

显然，单凭员工自己无法做到这一点。领导者需要通过分享信息和背景来发起这种积极的循环。不过员工可以通过与经理商谈并阐述此种合作关系能够带来的巨大变化，来帮助领导者实现这一目标。

3. 员工的任务

如果领导者能够完成好自己的任务，他们就可以把员工当作合作伙伴并及时告知相关信息。通过详细解释企业战略和决策，领导者可以向员工提供必要的背景说明。领导者还会在与员工直接相关的议题上听取他们的意见。

另一方面，员工的任务是在工作中进行大小决策时，始终牢记企业的目标和战略。通常对于一个项目来说，对其本身最好的决定和对整个企业最有利的决定可能会相互冲突。员工的任务就在于即使需要更改或终止项目，也应当做出与公司发展方向一致的决策。

举个例子，设想你在一家销售玩具汽车的企业工作，你要在一款正在设计的产品中添加一项有趣的功能。有人提出用遥控器遥控汽车的想法。

员工们愿意充分了解这个功能，确保它的成功。调查也显示，顾客们都喜欢这项功能。看上去一切顺利。但问题在于这项功能造价昂贵，与企业的整体战略相矛盾。这时，做正确的决定就意味着取消这项功能。你可能放弃了一个自己中意的项目，但在理想情况下，你的领导会看到并认可你为企业利益而做出的牺牲。

以下问题旨在帮助你确保任何项目都符合并有助于实现企业的目标。在开始一个新项目前，你也可以通过这些问题来评估该项目对于企业整体目标的价值。其他问题也可以在项目进展过程中使用，从而帮助你做出最有益于公司的决策。这些问题对于个人或团队都适用。

▶ 企业当前最大的机遇是什么？

▶ 在过去几年里，你学到哪些会影响现在和明年工作的东西？

▶ 你如何帮助企业在未来 3~5 年中保持兴旺发展？

▶ 目前企业面临的最大挑战、威胁和制约因素是什么？你和同事如何在这些问题上提供帮助？

▶ 你如何帮助企业实现整体目标？

▶ 企业为这个项目设立的目标是什么？

▶ 怎么做才能让这个项目对实现企业目标有所贡献？

▶ 企业管理层是否支持这个项目？领导者期望得到什么结果？

▶ 经常问自己：企业有何更大的愿景？如果你做出某项决定，可能会产生怎样的后果？这么做是否符合企业的远大目标？

▶ 为了让项目取得最大的成功，你需要与谁沟通或向谁报告？

▶ 项目结束时应该进行何种最终审查，以便其他项目进行参考和借鉴？

▶ **实践应用**

上述问题旨在帮助你在筹划和开展工作时做出正确的决定。当你和其他人在规划项目并思考推动该项目进展的日常决策时，你们是否得到了足够的背景信息来回答这些问题？如果没有，你能否和企业领导商讨，告诉他们回答这些问题能帮助你做得更好？让他们知道你想忠于企业，而了解背景信息会帮助你实现这一目标。

你也许曾认为作为一个个体，自己无法做更多事情来加强企业的合作。我希望这4种个人技能模型和应用模型的相关工具能帮助你改变这种观念。如果你经常练习这些个人技能，它们会变成一种习惯，并对企业的合作起到积极影响。

接着我们来看看加强团队合作的手段。

第八章

"敏捷"模式的流程

THE
POWER
OF
COLLABORATION

我在第四章中介绍了硅谷合作模式，并解释了它的三个层面：个人技能、团队工具和企业实践。在团队层面，我们可以借助一套流程来安排多名员工的共同合作事宜。

　　脚手架对于建造高楼的工人来说非常关键，而在企业中，类似的"脚手架"结构对项目团队也同样重要。虽然每个项目的具体细节各有不同，但一般而言，团队成员需要就以下内容达成共识：

▶ 项目的总体目标及项目如何帮助实现企业目标。

▶ 如何将项目中的各种要素整合起来，最终达成总体目标。

▶ 项目参与者有哪些，他们的分工是什么。

▶ 获取和共享重要信息的途径。

▶ 如何召开会议并进行沟通。

▶ 项目成功的标准是什么。

　　麦克·卡维斯（Mike Kavis）在博客中总结道："我通常对项目章程、团队结构等内容嗤之以鼻……但是，如果一个项目包含……来自不同系统的多个团队……那就必须建立某种秩序来防止混乱。"

有些企业对"流程"的概念避而不谈。正如一位流程改善专家最近在博客上所说："我敢打赌，很多人看到'我讨厌流程'这样的内容心里会舒服一些，他们会松口气，一边想着，'终于有人这么说了！'"

为什么这个简单的概念会如此"臭名昭著"？我采访的一位企业领导者解释称，他的员工相信企业在发展壮大的过程中，势必会产生混乱。为了应对这种混乱，企业更倾向于制定流程和步骤。但是，当企业需要员工创造新的工作方式时，他们就会发现严格遵循流程的员工已经丧失了创新能力，无法提出不同的方法。

那么他们是如何处理此类困境的？答案是区分流程的好坏。坏流程制定的目的是提高效率而不是保证有效性。这样的流程会把严格却无用的官僚作风强加到员工头上。相反，好的流程能够帮助熟练的员工完成更多工作。受访者的企业就专注于创造好的流程，提供足够的指导框架而非推行不必要的官僚制度。

多位受访的企业领导者所任职的企业都选择通过设立好的流程来指导项目，但这些流程不会扼杀员工的创造力。也有几位领导者感叹自己所在的企业缺乏这样的框架。他们大多认为建立一个灵活的通用流程很有必要。这些领导者们清楚，如果团队没有一套可按需定制的流程，那么他们将不得不在每个项目开始时首先创建一个新的流程。这样做不仅费时费力，还分散了本该花在项目工作上的精力。

那么有没有一种好的通用流程能够提供足够的指导和灵活的框架结构，从而满足各类不同项目的需求呢？答案就是"敏捷方法论"（Agile Methodology）。

"敏捷"的基本要素

21世纪初，人们为指导软件研发团队的工作创造了"敏捷"这一框架。当时，一些追求创新的企业已经意识到"敏捷"即使对于那些与软件无关的团队和项目也有着很大的作用。因此这些企业的领导者制定"敏捷"流程，使其在企业中得到更广泛的应用。

这是一个好主意，我曾鼓励许多企业在更多领域应用"敏捷"流程。有部分企业确实这么做了，但问题在于没有足够的资源来引导人们在非软件项目中使用"敏捷"。为了纠正这一点，我把本章节的重点放在如何将"敏捷"的概念转化运用到更大范围的企业项目中去。

"敏捷"首先有四大通用价值，它们被称为《敏捷宣言》。我已经对它们进行了修改，使其能更好地应用于非软件项目。

▶ 与客户保持真实、持久的合作关系比严格执行合同内容更为重要。

▶ 得到可行的成果比花费大量时间详细记录取得这些结果的过程更为重要。

▶ 解决问题比坚持原先的计划更为重要。

▶ 员工之间有意义的互动比遵循严格的流程更为重要。

这些内容并非只是很快就会被遗忘的响亮口号，它们是能够指导实际工作的处世哲学。

对上述四项价值进行扩充后，我们就得到了下列12条"敏捷原则"。经过修订后，它们同样适用于非软件项目：

▶ 我们的首要任务是通过完成阶段性的工作，朝着项目目标前进，最终使客户满意。

▶ 我们频繁向客户提交小的工作分段成果，并根据客户的反馈来尽快确定是否需要进行任何修正。

▶ 项目的推进主要取决于上述工作分段是否让客户满意，且能够为整个项目的成功做出贡献。

▶ 只要能够满足客户需求且改动成本在允许范围内，我们即使在项目后期也愿意随时修改已经提交的工作内容。

▶ 我们邀请积极上进的员工参与项目，给予他们所需的支持并信任他们的工作。

▶ 我们为这些参与项目的个人和团队搭建了合作的平台。

▶ 我们使用最有效和最高效的互动沟通方式来确保工作正确完成并获得最好的成果。

▶ "敏捷"流程能够催生一种应当可以无限期延续下去的工作节奏。

▶ 持续关注优秀的设计并追求卓越的工作内容可以促成更好的项目成果。

▶ 简单比复杂更有价值。在尽可能简化工作的同时达成项目目标，是最好的办法。

▶ 企业通过对自身和行业都有益的方式赋予团队权利。

▶ 项目团队经常反思如何更有效地开展工作并进行相应的微调。

通过与使用"敏捷"流程的公司进行接触，我归纳了在"敏捷"环境中完成工作的其他重要技巧：

▶ 建立恰当的框架结构来指导项目，避免不必要的束缚。

▶ 在启动项目前做好充足的前期规划工作。

▶ 使用迭代流程来设计和提交项目片段（迭代法是指完成小部分工作并

进行测试和调整，确认无误后再进行下一部分的工作）。

▶ 在开始每个新片段的工作前，首先进行详细规划，从之前的片段中学习经验教训，了解改动内容。

▶ 请客户和利益相关者参与到项目中来。

▶ 管理者主要负责指引、辅导和去除障碍。团队成员有权进行与工作相关的多种决策，企业也会给予他们充分的信息和背景说明，让他们能够做出正确的决定。

▶ 培养如阿波罗 13 号团队那般齐心协力，最终安全返航的精神（大胆进言，认真倾听，愿意公开问题和隐患），避免像"挑战者"号航天飞机失事那样因错误决策导致的悲剧重演。

▶ 根据专长分派任务，但也提倡帮助他人一同完成工作。

▶ 如果项目条件发生变化，则从时间和成本角度对其进行重新评估。

▶ 除了自己的工作，每个成员还应该对整个项目负责。

▶ 通过定期召开签到短会等各种适当形式进行互动沟通。

▶ 优先完成最关键和最困难的工作。

▶ 与任何感兴趣的员工或客户公开分享项目信息。

将敏捷方法论作为工作流程

1. 项目的前期规划

有些项目管理流程推荐由一名员工在项目开始之前制订详细的计划。这名员工会为项目设定总体目标，并说明需要完成哪些详细步骤和阶段性目标才能最终实现项目的总体目标。接着，他会对人员、财政、时间和其他资源等达成目标所需的各种要素——进行评估分析。然后这名员工会确定项目团队的人员构成和分工。有时他甚至还需要筹划由谁负责进行哪些决策。团队制订此类详细规划的初衷往往是认为非常具体的路线图有助于项目顺利进行，它能够尽量减少项目过程中的变数并限制不必要的成本。

但很可惜，像这样详细的前期规划可能非但无法解决问题，反而还会产生更多问题。随着工作的进行，这种规划确实可以将变化降到最低，但这正是问题所在。规划者一般无法提前对项目做足功课，因而很难准确预估所有细节。他们只能根据自己的理解尽力做到最好。但是计划往往需要随着项目的开展而进行变更。假如过于依赖前期规划，就会连必要的变化也一同扼杀。

相比之下，"敏捷"项目只会在前期规划中加入适量的细节，以便赞助方和拥有者知道项目的未来走向。项目规划者与领导者合作，确定如何在达成项目目标的同时，契合企业的发展方向，并对可能需要的人员和其他资源进行预估。其他细节信息则会交由每个工作分段启动时的小型计划会议决定。

项目规划者不是独自或与几个人一起制订详细的计划，而是提出一个启动会议的议程。此后，项目规划就成了整个团队的共同事务。项目的客户和团队成员都会受邀出席这个项目启动会议，大家合力把项目目标转化为更详细的章程，内容包括项目范畴、主要工作分段、可交付成果及参与该分段工作的成员名单。与会人员会讨论项目成功的衡量标准并达成一致，同时寻找需要管控的机遇和风险。

在首次会议上，参与者会直接从领导者那里听取重要的信息。他们需要了解这个项目能够如何帮助企业，并通过对话弄清工作背景。这种对话可以引导团队成员对项目产生主人翁意识。他们还能借此机会相互了解、建立尊重和互信，并培养帮助他人一同获得成功的意愿。

用户故事是指导项目工作的一种有效工具，在启动会议上就可以进行编写。用户故事是指描述项目预期结果和特定要素的故事。它们通常是由客户和项目团队的员工共同创造的。故事中包含的细节数量取决于项目的复杂程度和所涉及观点的新颖程度。客户先从讲述项目的起因开始。然后，他们会描述项目在各个方面预计将取得怎样的成果。如果项目较为复杂，需要员工提出创新想法，那么客户通常会更详细地描述自己的期望。这些细节既可以是同一个故事的组成部分，也可以拆分成几个小故事。

既然共处一室，团队成员们不仅要对整个项目进行规划，还要先花时间概括自己所属子团队的工作。然后他们才能当面协商各自的需求。相比每个子团队各自规划分段任务的模式，这种流程能够让项目更加顺利地启动。

完成工作分段的顺序由团队来决定。"敏捷"和其他项目规划流程之间的一大区别在于，"敏捷"流程会选择首先完成风险最大、最艰巨的工作。其他流程往往会将最困难的部分留到以后再解决。然而事实上，后期处理棘手工作时可能会产生先前没有预料到的问题，导致项目需要重做。在"敏捷"流程中，减少返工的最好方法就是先解决困难的事情。

会议上也可以讨论项目的其他重要环节，例如某些工作是否需要按照顺序完成等。剩余的讨论内容则取决于各种项目的不同需求。"敏捷"的普遍原则就是尽可能减少流程步骤，提供恰到好处的框架结构来指导项目工作，避免过度限制员工。

2. 详细规划

"敏捷"流程减少了前期规划，因此需要在每个工作分段开始时进行更多的计划。分段规划应当由具备相关专业知识，能够有效筹划该部分工作的成员合作完成。如果条件允许，客户也应当参与进来。

团队将决定哪些工作需要在当前分段中完成，这些工作的优先程度有多高，以及参加成员的名单。在这个阶段，他们还需要详细列出预算并预测完成工作需要多长时间。

作为规划的一部分，团队将确定一套评判标准来判断工作完成与否和其质量高低。如果你正在设计和制造飞机部件，那么你必须确保工作毫无差错。如果你开发的是一款游戏软件，就不需要如此完美无缺。一般来说，"敏捷"流程的目标是做到全面、准确，而不是过分追求完美，不过，具体需要怎样的工作质量，应取决于特定项目的需求。

如果工作非常复杂或工作量巨大，可以将该分段细分成可控的工作条目，因为"敏捷"的核心原则就是频繁提交部分工作。相比于需要数月时间才能完成的大型工作分段，团队更应该将这些工作进一步分为几个"冲刺"阶段。

3. 执行工作、跟踪进展并进行沟通

完成"冲刺"工作时，不能对项目进行额外变更。虽然"敏捷"的目标是保证灵活应对客户的需求，但在某些阶段，员工需要稳定的计划来呈现最好的结果。

工作中如果出现复杂问题，在预算和时间保持不变的理想情况下可以根据需要对工作内容进行相应调整。有些规划好的工作一旦发生问题，可能就需要将其暂时搁置。如果情况允许，可以在后续的某个节点重新开始工作，或是由全员一致同意放弃该部分的工作。

"敏捷"的另一项原则是，即使某个任务超出了通常的工作描述范畴，员工仍然可以选择加入并帮助其他成员。有些企业要求员工严格遵守自己的职责，并认为越界帮助他人是一种冒犯行为。这样的企业就需要首先改变现有的企业文化。在"敏捷"流程中，如果员工跳出框定职责的行为对项目有益，那么他们会得到奖励。

有许多工具可以管理和沟通"敏捷"流程的工作状况。它们通常被称为"信息辐射器"（information radiators）。例如，任务板是团队标注"冲刺"工作进展的视觉载体。任务板可以显示当前的工作内容、进度及遇到的任何问题。另一个工具是"燃尽图"（burndown chart），它是一种表示工作和剩余时间的图表。任何希望了解项目进展的人都可以使用这些工具。团队应当对内部成员和外来咨询者公开所有信息，公开直接地面对问题。完成"冲刺"后，团队应当向客户提交相应成果。在这一阶段，工作尚未真正完成，下一步还需要进行沟通。客户的反馈可以帮助团队发现任何可能存在的问题或期望目标的改变。虽然 "冲刺"工作开始后原则上无法再进行更改，但如果确实能够改善项目，在当前节点仍然可以考虑对工作进行调整。"敏捷"的另一项基本原则就是其迭代属性，能够随项目进展吸取经验教训。虽然有可能拖慢进度，但这样做往往能获得更高质量的结果和更高的客户满意度。

一位领导者解释说："如果你根据项目开始前客户的需求进行设计并开展工作，取得的成果往往都不是他们真正想要的东西。通过迭代的方法，你可以发现客户在前期无法清晰表达出来的真实需求。

会 议

1. 站立会议

"站立会议"是"敏捷"框架的一个重要特点。团队成员定期集中在一起，共同分享他们取得的进展并解决任何存在的问题。此类会议的频率取决于特定工作分段的需要。

会议的特点就是快速到场并开始讨论，而"站立"正如其字面意思，是指大家站在一起，会上只讨论关键议题，这样可以鼓励团队成员保持高效。站立会议经常讨论以下几种开放性问题：

> ▶ 上次会议以来，我们取得了哪些成果？

> ▶ 我们遇到了什么问题，需要什么帮助？

> ▶ 我们了解到什么或许可以帮助他人的新信息？

> ▶ 下次会议前我们打算实现什么目标？

> ▶ 我们需要做何改变，是放弃还是加速推进？

团队成员需要互相了解其他人手头的工作内容及其对整个项目的意义。这将有助于员工在各种大小问题上做出正确的决定。此类会议的目的不是让项目所有者和每位参与者汇报当前的工作状态。相反，在典型的站立会议上，成员们会在房间里四处走动，每个人都会总结他们各自的工作并回答问题，然后团队将决定是否需要做出任何改变。

站立会议的目标之一是发现并修正先前流程中存在的不足之处。实现这一目标必须依靠开放的企业文化,它允许员工自由讨论工作中的失败之处。因此这些会议中不应存在不可动摇或不可讨论的内容。

另一位领导者也表示:"你在'敏捷'环境中雇用最聪明的人,他们相信其他成员都各具专长,因此不会嘲笑或消极评判他人。他们能够认识到别人的贡献并倾听对方的想法。"

2. 回顾会议

当工作分段完成或到达某个里程碑时,"敏捷"流程通常会要求所有团队成员和客户集中起来召开会议。他们会研究工作进展并确定后续过程中需要做出什么改进,这就是所谓的"回顾会议"。

回顾会议的目的并非"相互指责",在争论某个难题和开玩笑的抱怨之间存在着微妙的平衡。考虑到两者容易混淆,你可能会希望由经过培训的专人负责引导此类会议的进程,因为他们有能力辨别两者的差异并帮助与会者实现会议目标。

管理者的任务

管理者在"敏捷"流程中起着关键作用,他们的任务与参加其他项目时不同。一位企业领导者告诉我:"管理者的任务很重要,但并没有明文规定他们的任务在所有企业甚至同一企业的不同的项目中都必须完全一致。"例如，某些项目团队的领导者会召集众人召开站立会议。而在其他团队中，领导者可能会退到一边并鼓励其他人担任这个角色。这取决于领导者的风格和团队的文化。

以下总结了管理者在"敏捷"项目中的部分重要任务：

▶ 聘用并挽留有志于提升专业知识且努力工作的优秀员工。

▶ 将当前项目与企业的发展方向联系起来。不仅是在项目开始时，管理者在平时工作中也应当经常这么做。为员工提供背景信息，让他们能够做出适当的决策。

▶ 与团队一同为项目设立振奋人心的目标。

▶ 创造一个推崇持续学习和进步的环境。主持学习课程并鼓励那些积极自学的员工。

▶ 建立一个公开、透明的工作环境。

▶ 支持团队发现并处理问题，教导员工如何更有效地解决问题。教学任务非常关键，因为它的目的不是替员工解决问题，而是让他们学会自行处理问题的方法。

▶ 排除妨碍员工更好地工作的障碍。

▶ 根据需要为员工提供帮助，而不是代替他们工作。

▶ 帮助团队确定并获取所需资源，让他们能够更好地完成工作，同时也向他们展示企业对这个项目的重视。

▶ 与其他员工建立合作伙伴关系，并适当加强与其他团队的联系。

▶ 保护团队免受不必要的干扰。

▶ 为员工提供职业指导和咨询，协助他们获得职业发展。提供绩效反馈和奖励，激励员工努力工作并确保他们每一个人都走在正确的职业发展道路上。

管理者在"敏捷"和其他项目管理流程中的任务是截然不同的。在"敏捷"流程中，管理者不再是项目的唯一发起人或所有者。他们的工作是确保员工了解自己如何为企业的整体目标做出贡献，并在项目过程中持续为员工提供信息和背景说明。管理者也需要与项目团队的成员建立合作伙伴关系，并维持与其他团队之间的紧密联系。他们的工作还包括留住优秀的员工，为实现职业目标而共同努力。即使是那些表现欠佳或无法为项目进展做出贡献的员工，管理者也应当与他们一同工作。

管理范围蠕变

"范围蠕变"是指不断增加项目范畴内原先不存在的工作，从而导致项目目标不受控制地持续扩大。

由于"敏捷"流程在项目前期规划中只定义了较少的细节，而且它的理念在项目进展过程中可以接受适当的变更，因此一些人担心相比其他流程，这种项目管理方法更容易受到不恰当范围蠕变的影响。关键问题就在于如何定义"不恰当"。

想象一下，你的团队正在研发热销的低价数码相机的下一代产品。突然，竞争对手企业发布了一款新相机，其图像清晰度远高于你们的产品。一些员工得知了这个消息后感到惊慌失措。他们觉得项目团队应当暂停手头的工作并思考如何提高相机的清晰度，从而使其更有竞争力。这些员工表示，如果相机依旧使用原计划的技术参数，那么顾客一定不愿意购买，因为它甚至在发布之前就已经过时了。

其他员工则辩称更改参数的代价太大了，因为项目已经接近完成（相机完成了 90%），在这个节骨眼上重新设定一个如此庞大的新目标是不现实的。他们认为这么做会产生极高的成本并导致整个项目的失败。

假如团队获得奖励的条件被框定在必须遵照原计划并在预估成本范围内完成工作，那么领导者会支持那些抵制变革的人。反之，如果团队能够因实现企业的真正需求而得到褒奖，那么领导者一定会赞同那些认为应当暂停项目，提高相机清晰度或进行其他改进的人，因为只有这样才能让这款相机有资本与对手的新产品同台竞争。而在"敏捷"流程中，后一种情况更有可能发生：团队将暂停项目并考虑如何使相机变得更好。

"敏捷"流程之所以有效，并非因为它在任何时候都能接受所有改变，而是由于它会教导员工如何权衡利弊并做出艰难的抉择。下面是一些帮助你进行权衡和决定的技巧：

▶ 如果尚未制订详细规划，则不存在范围蠕变。

▶ 如果不产生额外工作，也不属于范围蠕变。

▶ 如果相关的变化在项目开始时不可能预知，并且项目成果能更好地满足期望，那么范围蠕变是可以接受的。

▶ 如果项目的"应急费用"可以涵盖关键变动产生的成本，那么这种范围蠕变通常可以接受。

▶ 进行权衡的最终目标是保证项目的完整性。

"敏捷"流程并不反对项目规划和文件记录本身。它能够捕捉到人们希望明确工作方式的需求，也知道许多项目管理流程将文件记录当作一项首要任务。问题在于，人们在详细记录时往往偏重于确定工作方式而非实际工作内容。这不是一件好事。

领导者可能会担心"敏捷"流程不适用于更大规模的项目。然而在实践中，我发现无论工作分段和子团队的数量是多是少，"敏捷"流程都能灵活应对。

有人可能还会指责"敏捷"流程缺乏纪律性，无法对项目结果负责。但事实上，细致而目标明晰、能够产生突出成果的"冲刺"工作就足以反驳这种观点。

当然，"敏捷"不是灵丹妙药，它不能解决其他项目管理方法所遇到的所有问题。这一流程本身也存在优势和不足。它无法预知并为你提供各个项目所需的一切信息，但它仍然是一种能够满足企业各类项目需要的实用管理手段。

第九章

促进合作的其他关键团队工具

THE
POWER
OF
COLLABORATION

不同专业和背景的人看待世界的方式不同。

正如一位硅谷企业领导者所说："当不同能力的人聚在一起时，他们的想法和行为各不相同，因为他们的思维方式不同。例如，最近营销和金融部门正进行合作。双方的电子表格看起来完全不一样。"

其他领导者也有类似的观点。其中一位表示："运营和产品团队看待问题的方法是不同的"；另一位则总结道："就好像我们用绳子捆在一起爬山一样，每个人都认为自己有更好的上山路径。虽然目标相同，但我们都想说服其他人跟着自己的思路走。"

你可能也已经意识到了这一点。我们常常盼望人们都可以合作无间，但事实并非如此。

你也许认为在那些有着良好合作氛围的企业，情况会有所不同，他们的员工在最开始就能顺利开展合作。但实际上，硅谷企业领导者们并未刻意避免员工之间产生分歧，他们甚至从不试图去这么做。一位企业领导者表示，他们知道"冲突并非坏事，只要合理应对就没问题。成功的合作并不仅限于分享看法和相互喜欢，理解差异也很重要"。

我所采访的企业领导者们分享了以下几条心得，它们能够帮助观点不同的员工更好地进行合作。

▶ "我们确保同一项目中的所有团队都目标一致。我们不希望他们浪费别人的努力并把精力花在彼此对抗上。"

▶ "过去我们一看到机会就会扑上去。现在我们懂得停下来提醒自己不要忘记总体战略。我们会保证这个新的方向确实能帮助我们实现企业战略。我们寻找让员工'牢记策略'的手段，让他们能够判断新机遇是否符合企业的目标。这样能使员工更好地理解决策背后的原因。"

▶ "我们花时间来确定背景状况。我们预测可能产生的差异并帮助员工解决问题。"

▶ "我们发现项目中遇到的大多数困境通常都不是由内容上的差异引发的。这些问题往往与处事风格和工作方式有关。因此我们为员工提供加强合作的工具。"

我们首先来看看一家企业是如何帮助员工奠定合作基础的。然后我会介绍这家企业是如何通过一套独特的流程将员工团结在一起的。

闪迪提高团队效力的方法

我们非常感谢闪迪（SanDisk）的全球营销团队。他们的工作非常繁忙，一年中整个团队也只有一到两次聚首的机会。即便如此，他们仍通过这些会议积极了解企业的产品、目标、战略和发展方向。他们还利用这段时间提升自己的专业技能，为下一轮销售周期做好准备。他们的外部客户也经常受邀出席部分会议。

今年的会议决定增设一项志愿者活动。公司以前也举办过这个活动，并发现它能够大大增强员工的工作关系。虽然以前没有邀请客户出席，但公司希望这一次能让客户共同参与其中。

在闪迪，我们致力于慈善事业并帮助企业所在的社区。我们的慈善项目也成为增强团队合作能力的一种方式。通过举办有意义的志愿者活动，参与者会形成牢固的纽带。他们很荣幸能够并肩工作，共同营造一个更加美好的社区（乃至世界）。当员工回到工作岗位时，情况也发生了转变。他们变得更加互尊互重，因为他们意识到自己确实是一个更大规模整体的组成部分。

我们协助销售会议的组织者筹划一项志愿者活动，帮助一个非营利组织消除饥荒。参加人数众多是一项挑战，但活动最终顺利地举办了。800 名志愿者并肩工作，为饥饿的人们打包了 45 万份食物。志愿者们的热情高涨，许多人甚至选择自行返回仓库投入下一步活动，给那些极度需要的人分发食物。

正如以往参与志愿者活动的员工一样，这 800 人返回后参加会议的态度也大有改观。在剩余的会议上，与会者的互动程度和他们所做的决策都超出了大家的期望。

经过这些志愿者活动，一些最易想不到的员工往往能够提出最有创意的想法，他们就是那些在活动前很少发言的人。这样的变化真是意义非凡，甚至难以置信。员工们敢于分享自己的观点，因为他们不用担心"名誉受损"。即使最终没有被采纳，他们也知道自己的想法被企业认真对待过。员工们通过一同帮助社区的人们建立起互信，让他们可以安心开展合作，从而解决工作中遇到的棘手问题。

对闪迪而言，这些志愿者活动有着长远的积极作用。员工们对社区存在的一项重要问题观点一致，并在解决问题的过程中增进彼此的了解。这包括互相了解对方和他们的家庭、爱好及生活方式。重返工作岗位后，员工们之间这些新的纽带会帮助他们形成理解和共鸣，让他们能够没有后顾之忧地大胆提出自己"并不成熟"的想法。

对你的企业来说，通过志愿者活动的具体方式帮助员工更深入地了解和信任他人并不一定奏效。但你应当认识到，尊重和信任可以营造一个安心的环境，让员工愿意分享自己的看法并敢于阐述未经深入研讨的观点。

无论通过何种方式，只有建立了这样的工作环境，才能为员工提供良好的合作氛围。正如硅谷一家知名企业的一位领导者所说："分享未经验证的观点显然会让你感到不安。你也许有个全新的想法，但如果你觉得不安心，就不会把它提出来。而当员工愿意创造性地思考并敢于分享自己的想法时，企业定会受益匪浅。这也是我们文化的一部分：员工们在这里会感到安心。"

你的企业需要建立这种相互信任、尊重以及让员工具有安全感的工作环境。

> ▶ **实践应用**
>
> 思考闪迪协助员工相互了解并建立让员工安心的企业文化的方法。这种方法在你的企业是否行之有效？你的企业是否会帮助员工增进关系并建立这样的纽带？这样做的效果如何？是否还有欠缺之处？

学会提问

本章节将提供两个工具来帮助团队成员更有效地开展工作。首先是"订立话题框架"，这可以将团队的关注点统一在更小的范围内，避免成员们浪费时间去思索各种对沟通无益的话题。其次是"情景规划"，这是一种条理清晰地思考未来的方式，当需要将未来不可预知的因素纳入考虑范畴时可以运用。在对待未来的不确定性时，我们往往要么将其视作需要立即解决的问题，要么忽略不计。情景规划则可以帮助我们将这种不确定性当成一个机遇，而非一个被忽视的问题。

1. 订立话题框架

什么叫订立话题框架？从字面上看，框架是一种将事物与周围环境分开的边界。就像画框让我们把目光聚焦在封装好的画作上那样，框架也能够确定对话的范围。它可以把我们的注意力集中在某个话题的特定方面。

你可能熟悉"输入的是垃圾，输出的也会是垃圾"这句话，它随着计算机的发明而为人所熟知。人们意识到，如果把错误的信息输入计算机系统，最终得到的仍然是错误的信息。假如我们不清楚自己在特定的会议甚至整个项目中需要做些什么，就不可能获得期望中的结果。据传爱因斯坦曾说："如果我只有一小时来解决一个问题，且解决方案攸关自己的性命，我会先花55分钟明确要提哪些问题。"

想象一下众人聚在一起讨论如何提高员工的满意度。假设"提高员工满意度"这几个字是该话题唯一的说明，你可能会发现对话内容分散到了工资、休假政策、病假和奖金等诸多方面。尽管上述任意一条都可能催生出一些有趣的观点，但如果讨论的初衷是专门关注企业的"在家办公"政策，那么其他话题将毫无益处。

如果会议的召集者能够提前告知参会者，会议目的是探讨员工在家工作的具体子议题，那么参会者就会有针对性地做好会前准备工作，讨论的内容也可能不会转移到其他问题上去。即使出现了偏题，主持人或同事也可以将话题重新引导回原本的关注点。

你有多少次参加会议 20 分钟后突然意识到讨论内容偏离了主题？如果会议组织者能够为话题仔细地订立框架，这种情况就不太可能发生。

订立框架不仅有助于制定议程和介绍话题，它在整个对话过程中也发挥着重要作用。而且除了能惠及会议组织者或引导人，订立框架对团队的其他成员而言也是一种有效的工具。当与会者主动承担起正确引导议题走向的任务时，团队就更容易开展有效合作。

以下 4 问可以帮助你订立一场会议的框架，并帮助参与者聚焦正确的话题。

▶ 问事实：在该话题上我们有什么已知事实和证据？

▶ 问观点：我们需要更进一步了解哪些有关该话题的观点、看法和判断？

▶ 问可能性：该话题可能存在什么可以集思广益的地方，可能得到哪些新点子？

▶问后续：该话题朝什么方向发展，我们如何总结当前阶段并进入后续步骤？

我将在下一节中分享一些有效运用上述"4问"的技巧，并提供其他可以思考的问题，帮助你订立讨论的框架。

引发个人智慧并将其编织成一个集体头脑，通过这种方式订立话题框架，可谓是一门艺术。这其中，询问问题尤其重要。"提问能够激发思维，让人们有机会更加有建设性地运用自己的大脑。"

来做个实验吧，当你准备与他人交谈时，先用陈述的形式组织好自己的语言，然后观察实际的谈话过程。对话的发展是否一如你的预期？下一次，再试着用提问的方式阐述你的想法。这次结果如何？

举例来说，在讨论企业关于在家工作的政策时，如果你直接陈述自己的想法，可能会这么说："我们企业的在家办公政策限制太多了。应当更加变通，让更多员工可以利用这项政策。"而如果把议题视作一个问题，你可能会说："我们如何看待企业的在家办公政策对员工满意度产生的影响，以及部分员工因此决定离职的状况？"

以一个问题开始讨论可以确定话题的基调，让随后的对话向着合作的方向发展，而以一番陈述开始会谈则可能加剧那些不同意你论点的团队成员的对立情绪，使原本的对话趋向于辩论。

下面我归纳了7种有利于建立合作探讨氛围的主要问题类型（其中4种来源于"4问"，此外我还增加了3种其他类型的问题）。

▶ 有助于确定讨论所需焦点的提问。存在哪些问题？谁会遇到这些问题？哪些方面进展非常顺利？如果我们需要做出两三项改进，哪些问题需要最先考虑？

▶ 人们不理解某个话题时能够引出细节的提问。此类问题通常称为"漏斗"问题，因为它们能够随着人们理解力的提高，由浅入深地引导他们探讨更具体的细节。这些有用的问题包括：你能告诉我们更多相关信息吗？你喜欢它的哪些方面？你有什么疑惑？你应当增加或减少对什么的运用？从哪种情况中能够吸取哪些最重要的教训？

▶ 引导团队朝一个方向努力的提问。我们是否最关心这个情况？它对我们有什么意义？这会激励我们吗？我们希望情况变成什么样？理想状况是什么？我们如何才能接近理想状态？假设我们向一个能预知未来的人询问三个有关这种情况的问题，该问什么？我们又该如何回答这些问题？

▶ 有助于考虑备选方案和选项的提问。我们判断这些观点的标准是什么？我们的决策有哪些基调？根据这些判断标准，是否有某些观点显得更加突出？是否又有某些观点显得更加薄弱？我们达成目标的最佳途径是什么？我们还需要考虑哪些其他问题？这会如何改变他人的思维或工作方式？

▶ 能够得知数据的提问。我们有什么证据支持这种想法？我们是否应该收集关于此话题的更多信息？我们还需要什么？谁愿意进行研究并在下次会议上提出结果？

▶ 能够引出观点、判断、假设的提问。关于这种状况你听到了什么消息？你观察到了什么？你对此有何看法？你作何感想？我们该如何解读？什么想法（和假设）或许能够支持这些概念？规划这一话题时，我们应当回忆起哪些重要事件？

▶ 能够转化为行动的提问。我们应该如何完成这个项目？我们应当采取什么措施？谁需要参与进来？谁需要被告知？谁应该执行什么任务，按照什么时间表进行这些步骤？我们应如何衡量工作的效力？

你是否注意到上文提供的例子中缺少一类特定的问题？花些时间再回顾一下，看看你能否想到答案。那一类缺失的问题就是"问为什么"。也许你曾听说过，"问为什么"的问题可能很危险，因为它们听起来像是在指摘对方，让其在对话中处于被动。尽管如此，有时依然需要询问原因。与其他类型的问题相比，"问为什么"可以从完全不同的角度加深你的理解。不过，在提出此类问题时要注意措辞和语气，避免给人一种接受审问的感觉。

怎样用好"问为什么"的问题？有一种方法就是提问"5 个为什么"。它可以快速而有效地帮助团队深入发掘问题的根本原因。每探究完一项子议题，就提出一个"为什么"的问题。询问 5 次后，团队定能从中得到全新的启发。假设你想弄清企业的女式衬衫产品为何突然遭大量顾客退货，那就要从探讨第一个问题开始顺藤摸瓜。

为什么这么多女式衬衫被退货？因为太多纽扣松脱了。

为什么这么多纽扣会松脱？因为尺码标注错误，许多女性顾客购买的尺码都小了一号，因此她们穿上这款衬衫时纽扣就容易松脱。

为什么尺码会出现错误？因为我们是向一家国外生产商订购这款衬衫的，该国执行不同的尺码标准。

为什么我们购入衬衫前没有发现这一问题？我们通常只从同一家生产商

那里进货，清楚他们的尺码标准，因此我们没有想到与这家新生产商确认尺码问题。

为什么我们要从一家新的生产商那里采购？未来我们是否还会经常与其他新供应商合作？我们在与新生产商共事时，是否应该建立一套尺码查验机制？

我们往往认为，在思考并探讨新想法的场合提问是最有帮助的。其实，提出问题也可以在其他方面起到有效作用。它可以帮助我们：

▶ 说服他人；

▶ 获取信息；

▶ 理清思路；

▶ 激励员工；

▶ 解决问题；

▶ 让他人容易接受批评；

▶ 克服阻力；

▶ 明确指示；

▶ 减轻焦虑；

▶ 平息不稳定的状况。

要想获得好的提问效果，就需要正确设计问题。关键在于措辞要准确反映出你需要征求的信息是什么。问题有效与否还取决于其真实性。提问的目的确实是为了进一步探究吗？如果是的话，那么对方很可能会开诚布公并最终与你成功对话。然而，如果有人试图借提问来诱导谈话的走向，那么其他人也可能会察觉到他的目的，致使对话失败。其后果就是损害了他人对提问者原有的信任。

一位硅谷企业领导者分享了他多年来使用的一种有效工具。会议的一位或多位参加者被指定为"鼠洞巡逻队"。他们手持印有老鼠钻洞画面的幽默卡片，每当团队的讨论出现偏题时，"鼠洞巡逻队"的成员就会朝桌子上扔一张卡片。下图是该卡片的一种范例。

"鼠洞巡逻队"卡片

> ▶ **实践应用**
>
> 你企业的员工是否能够订立恰当的话题框架？你如何评价企业在这项技能上的表现？尝试一下本节中提出的技巧。

2. 情景规划

期望中的美好未来并不会自然实现，它要靠我们亲手去创造。这就意味着我们必须充分考虑各种不确定因素，并借此更好地预测未来的走向。以往，

169

预测未来是指像记账一样逐条进行猜测。员工们会认为，如果某件事情过去成立、现在也成立，那么就有理由假设它将来仍然会成立。但问题在于，这种思维方式没有将可能存在的变数考虑在内。情景规划可以在团队面临重大不确定因素时，帮助我们进行决策。通过将现有数据与观察结果及可信观点相结合，我们可以对事情的发展方向做出合理的预测。这并不代表我们要把宝全都押在未来的某种特定状况上。相反，我们要做的是描绘出将来可能发生的多种情景，并做出尽可能涵盖所有情景的有利决策。

美国著名未来学家和作家彼得·施瓦茨（Peter Schwartz）在塑造情景规划方面提供了重要帮助。接下来，我将首先介绍一种 8 步骤情景规划流程，它是我在多年企业工作经验的基础上修改完善而成的。然后我会用一个例子来阐述该流程的实际运用。

（1）情景规划的一种流程

第 1 步：确定需要讨论的问题。

花足够多的时间来仔细"订立框架"，保证你的关注点始终在该问题上。另一个重点是阐明你所思考的未来有多远，是 2 年还是 5 年？

第 2 步：确定在对应的未来时间段内，有哪些与决策相关的首要考虑因素和趋势。

▶ 这可能包括员工现有（或缺乏）的主要竞争力、现有产品等企业内部因素及其他可能影响决策的因素。

▶ 此外，还应当包括企业需要重视的相关外部因素，如改变消费者偏好、竞争、可用的新技术及政府法规等。

这些因素和趋势可以帮助建立情景。一般而言，大部分因素在短期内不会受到企业的影响。

第 3 步：审视第 2 步中列举的因素并确认每种因素实际发生的可能性有多大。

▶ 将所有不确定因素归为一类，用于在第 5 步中建立相应情景。然后，确定这些因素的优先等级。哪些因素与手头的项目和需要进行的决策关联最大？

▶ 将能够确定的因素归为一类。它们基本上无法改变，因为其发生的可能性极高，并且几乎不受人为影响。这些因素可以作为固定的限制条件来帮助你审视建立的情景。排列优先等级，利用最相关的确定因素来思考你的情景。

鉴于这两类因素的重要意义，当你将所有因素或趋势分为两类并分别确定了优先级之后，应当再次检查优先度高的项目。有哪些证据支持你加入这个因素？它是否经得起推敲？你想做出何种假设？这种重复检查能够让情景规划过程变得更加准确。

第 4 步：回答以下问题，以便让你将要创建的场景变得更有效。

▶ 过去或当前有没有发生可能影响该主题未来前景的事情？

▶ 你有没有还来不及考虑的问题？

第 5 步：现在你可以把优先度高的不确定因素整合成 4 个情景，每个情景都应能够概括目标问题在未来可能出现的某种状况。

上述 4 个情景都应当以不同形式囊括高优先级的不确定因素。这听起来可能很抽象，但下文中我会通过实例更清晰地加以说明。

之所以提出 4 个情景，是为了让团队详细思考每种情况，而不是投机取巧地直接选择中间的某一种。我们的目标并非只是针对单个情景，而是要找到所有情景都适用的最佳解决方案或决策。

将最重要的确定因素作为限制条件加入到情景中（它们在每个情景中都保持不变）。同样，下文的实例能够帮助你更好地理解这一点。

第 6 步：从旁观者的角度再次对这 4 个情景进行评估，你可以用以下问题来检验它们的效果如何。

▶ 这种情景是否合乎逻辑？

▶ 哪些连锁事件可能会最终产生这样的结果？这种推断是否合理？

根据不同答案，你可能会对现有情景进行修正或创建新的情景。

第 7 步：审视你希望针对这些情景而做的决策。你的目标是做出最有可能实现所有上述未来情景的决定，因为你不清楚究竟哪一种会最终成为现实。一个重要问题在于：无论实际发生哪种情景，什么样的决策能让我们成功的概率最高？

第 8 步：选择最终的决策并制订执行计划。你可能需要加入一种"黄灯"警告系统，它会提醒你在条件改变或情景不再准确时重新检查先前的决策。

（2）情景规划的实例

为了阐释如何开展情景规划，我虚构了一个例子：一家企业正在考虑进军全电动汽车生产领域（该例子并非基于真实数据。它是一个简化版本，能够教你如何运用情景规划流程解决现实中的问题）。

第 1 步：订立问题框架。我们能否在 5 年内通过制造和销售全电动汽车实现盈利?

第 2 步:与此决策相关的样本趋势(本例仅作简略介绍,实际运用时你应当详细列出关键因素和趋势)。

▶ 汽油未来 5 年的价格走势。

▶ 为全电动汽车设置公共充电站的可行性。

▶ 为全电动汽车设置公共充电站的成本。

▶ 在私家车库设置私人充电站的可行性。

第 3 步:第 2 步中的前 3 项趋势是不确定因素。我们不知道未来 5 年情况会出现怎样的变化,但第 4 种趋势可以作为确定因素。我们假设任何购买全电动汽车的顾客都希望并有能力在家里设置充电站。

▶ 我们把前 3 项趋势一同列为不确定因素,并认定它们与本案例高度相关。

▶ 我们还有一个确定因素,它也具有高度相关性。

▶ 对这 4 种趋势进行重复检查后,我们仍然支持将它们作为重要因素,并保持它们原先的分类不变(在处理现实问题时,我们需要通过调研来确定依据这些因素所做的假设是否有效)。

第 4 步:思考上文第 4 步介绍中提到的两个问题。我们发现已经确认的 4 个趋势都能够充分涵盖重要问题,没有找到其他因素或趋势。

第 5 步:我们创建了下列 4 种情景:

▶ 情景 1:未来 5 年汽油价格大幅飙升。公共充电站遍布高速公路出口和本地道路周边,并以非常低廉的价格供顾客使用。人们在私家车库中普遍安装了价格实惠的私人充电站。

▶ 情景 2：未来 5 年汽油价格有一定程度的上涨。公共充电站遍布高速公路出口，但本地道路上没有。公共充电站的使用费适中。人们家中车库内普遍安装了价格实惠的私人充电站。

▶ 情景 3：未来 5 年汽油价格维持不变。仅部分高速公路出口和本地道路周边设置了公共充电站，且使用费很高。人们家中普遍安装了价格实惠的私人充电站。

▶ 情景 4：未来 5 年汽油价格下跌。公共充电站在高速公路出口或本地道路周边都很少见到，且使用费很高。人们家中普遍安装了价格实惠的私人充电站。

第 6 步：经过检查，这 4 种情景看起来都合乎逻辑且合理有效。

第 7 步：现在我们可以在这些情景的基础上进行决策，是否要在未来 5 年转向全电动汽车的制造和销售。如果分别考虑每种情景，我们能得出以下结论。

▶ 情景 1：在预估成本、效益和限制因素后，结论是，在这个情景中，我们肯定应该转向制造和销售全电动汽车。

▶ 情景 2：在预估成本、效益和限制因素后，结论是，在这个情景中，我们同样应该转向制造和销售全电动汽车。

▶ 情景 3：在预估成本、效益和限制因素后，结论是，虽然在这个情景中，顾客需求有限可能导致利润减少，但这些利润已经足够让我们转向制造和销售全电动汽车了。

▶ 情景 4：在预估成本、效益和限制因素后，结论是，在这个情景中，顾客对全电动汽车的需求很低，这将使企业的利润严重不足，无法在 5 年内实现盈利，因此我们不应该转向制造和销售全电动汽车。

第8步：情景规划为我们转向生产和销售全电动汽车的决策提供了信心，因为4个情景中有3个告诉我们，这项战略能够实现盈利。但鉴于仍有一种情景存在相反的结果，我们需要继续跟踪各个因素，如有任何因素可能朝不利的方向发展，我们都将重新考虑当前的决策。

情景规划是一种借助尽可能多的智慧来应对非常不明确状况的方法。它可以帮助你思考未来的不确定因素并做出严谨的决定。情景规划的过程需要耗费时间，因此它并非针对那些较为容易的决定，而是应该用于利益攸关的重要决策。

> **▶ 实践应用**
>
> 在话题由于未来无法预知而产生不确定因素时，情景规划能否帮助你理清讨论的思路？当你计划开会讨论一个复杂议题时，请尝试进行情景规划。

运用这套8步骤流程能够很好地计划并实施情景规划。如果你想了解更多信息，我强烈推荐彼得·施瓦茨的著作《远虑的艺术》（*The Art of the Long View*）。

第十章

构建你的管理实践

THE
POWER
OF
COLLABORATION

本章将重点介绍三种有利于促进合作的企业实践中的第一种：管理的作用。首先，我将分享硅谷企业领导者们对于人员管理各个方面的一些见解。之后，我将提供针对具体管理实践的多条建议。

管理决策在建立有效合作时能够发挥什么重要作用？让我们从一个故事讲起。

失败的管理案例

我曾任职于一家生产移动通信设备和配套软件的知名硅谷企业。高级管理层经过深思，决定将物理设备团队与软件团队的员工相互隔离。这项艰难的决策源于部分客户提出的要求。

有些客户希望购买我们的物理设备但安装其他企业的软件；也有客户想把我们的软件用于其他企业的物理设备。他们全都对我们的产品进行了定制，使之能与我们竞争对手的产品共存。但客户们担心，如果我们知晓了这种定制的相关信息，就可能从中不当得利。为了打消他们的顾虑，企业领导层才同意把原有的两个团队拆分成几个相互之间沟通非常有限的独立部门。

员工们仍会在各部门内部协力开展工作，但并不与其他部门的同事进行合作。事实上，这种隔离的效果过于明显，以至于整个企业自上而下，几乎没有员工同时了解软硬件产品的细节问题。

这导致了严重问题。物理设备部门的员工可能会联系软件团队的员工，说："我们需要你在软件上进行某某工作。"而软件员工则会回绝，并表示他们出于种种无法言明的原因不能这么做。反之亦然，软件员工向物理设备员工提出请求，但后者也无法提供帮助。这使情况陷入僵局。

在有人最终站出来做决定之前，问题可能已经叠加了三四层。而此时所做的决定往往照顾了客户，却对企业自身没有多大益处。由于部门间相互隔离，我们无法从生产一款设备相关的软硬件中同时获利。事实上，外部公司造成的影响要比企业内部两个领域之间的相互影响更大。

每家面临此番困境的企业都必须找到适合自身独特环境的最佳决策方案。在这种情况下，并不存在一种适用于所有人的明确答案。对我们来说，正确的决定就是减少各部门间的隔离限制。我们意识到，把两个部门隔离开对企业而言并没有很大的商业意义。于是我们向客户表明为什么需要做出这样的改变，并得到了理解。

然而当我们把两个部门重新联系起来时，情况并没有立即改善。隔离的效果过于显著，因此恢复的工作量非常大。尽管员工们认同合作的概念并在部门内部非常有效地付诸了实施，但两个团队之间已经形成了巨大的隔阂，必须积极进行修复。

为此我们举办了许多研讨会，加强两个部门间的合作。我们强调企业需要这两个团队共同努力。管理层也带头与其他部门的同事进行了合作。随着时间的推移，这种隔阂终于不复存在，员工们像部门内部合作一样重新开展了跨部门合作。

在这个真实的案例中，企业的战略损害的不仅是部门间的合作，更是自身的盈利能力。显然，高级管理层清楚这种决策会让员工们无法合作。但在一段时间内，他们认为这样做是值得的。

有时，一项政策或实践会对合作和企业的底线产生不利影响，但管理层难以发现。某些情况下，员工甚至会比管理层更早认识到这些危害。因此，领导者不仅需要积极寻找此类状况，还应当告知员工，如果发现问题，及时汇报。

> ▶ **实践应用**
>
> 有些战略或实践在某个方面具有说服力，但会对成功合作产生不利影响。你的企业是否也存在这样的战略或实践？领导者们是否意识到此类实践的负面效果？

可供应用的管理工具

既然我们已经了解了管理实践对于合作及企业成功的重要性，下面我会分享一些硅谷领导者对于有效管理实践的真知灼见。你在阅读时可以思考一下，其中哪些与你的企业有关。

1. 明确管理的哲学

▶ "几年前企业迎来了新的首席执行官，此后我们有了新的管理哲学。他激励我们真正凝聚成一个整体。新首席执行官上任之前，每个部门都各自为战，没有团结起来。大家不仅没有合作，甚至还产生了敌对情绪。为此他大刀阔斧地推行了改革。我们现在团结协作，秉承'顾客至上'的管理哲学，在项目中也能为了共同的目标而努力。这种理念帮助我们摒弃对立、开展合作。"

▶ "我们花了三到四年的时间从一家利益至上的生产和销售型企业发展成为以客户为中心的企业。这都要归功于数年前做出的一项行政决策。我们确保每项工作都以客户为本，它有助于我们站在客户的角度思考问题，也让我们更加体恤员工。这两方面都非常重要。"

▶ "耶稣、老子和其他历史上的知名领导者都曾提出，直接告诉他人内容（并催促其执行）远不如在旁指导，让他人自行得出结论来得有效。他们是对的。要建造一艘巨轮，光根据图纸开工是不够的。你需要激发人们出海的欲望。同理，企业使命也应与个人工作联系起来。"

▶ "合作意味着'背景重于控制'，这表示我们不应强求他人必须从特定的角度看待事情或以某种特定的方式处理问题。相反，我们会建立背景信息。我们有这个需求，它也符合企业的商业目标。我们应当如何共同努力来实现这一目标？"

▶ "领导者在设定背景信息时需要兼顾不同风格的员工。在企业内部，往往同时存在左脑思维和右脑思维的员工。你需要让他们都参与其中。我们的领导者就做到了，他们既罗列理性的客观事实，又讲述感性的故事来振奋人心，通过不同的陈述方式来引发所有人的共鸣。"

2. 价值观："管理层重视并主动展现价值观"

▶ "我们的管理层非常重视价值观。他们在关心员工的同时也不忘牢记企业的目标。他们竭尽全力帮助团队取得成功。然后，他们仍会满怀期望地将工作托付给团队。这种做法很有效。"

▶ "企业的首席技术官教会了我更快建立信任的方法，即如何设身处地地思考问题。有些人可能感到惊讶，因为我竟然从首席技术官那里学习这些软技能。但他确实有着高超的情商和能力。"

▶ "领导者的能力决定了团队的互动方式。如果你的领导喜欢处处设置障碍，那就会产生消极情绪。这家企业的领导团队推崇合作。这种合作是发自真心的，并非受到他人强迫，也不是形式主义。员工们必须保证能够顺利开展协作。高层管理团队首先带头协同工作，通过与下属管理人员的良好互动将这种合作理念逐级传递下去。这也为所有员工奠定了基调。"

▶ "一位受访者给我上了重要一课。她教我用拇指和食指做出一个'好'的手势，然后保持这个手势并用手指触碰下巴。她一边解说，一边亲身演示动作。但是，当她让我触碰下巴时，自己却摸了摸脸颊，而我也下意识地跟着她做了。最后她总结说：'领导者的行为比言语更具有影响力。如果言行不一致，人们则更关注实际行动。'"

3. 创造美好愿景："我们都盼着他的语音邮件"

▶ "我先前任职企业的管理层懂得如何鼓舞人心。他们能在员工的脑海中描绘出一幅栩栩如生的画像。他们能把故事讲得活灵活现。他们还擅长以小喻大，将自己的小故事与企业的核心价值观联系起来。"

▶ "我最崇敬的一位领导有很好的交流方式。他不会每季度只与我们交谈一次并宣读结果。他会在每个星期五早晨发送一封语音邮件。他曾连续6个月把我们的工作与纽约布鲁克林大桥的建设联系在一起（'如果你觉得工作很艰苦，不如想想那些桥梁建设者们担负着什么'）。我们现在都盼着他下周五的语音邮件。"

▶ "企业一位领导者的名言是：'与同事合作，你一个人完不成这项工作。'他敦促员工齐心协力、坚持不懈。"

▶ "他分享了自己的很多事情，因此你会觉得自己了解他。这使我们对他和企业都更加忠诚。"

▶ "她并不打压他人，而是会竭尽所能支持员工。她尊重我们，也要求员工认真负责。大家都很欣赏这种做法。"

4. 实践："我们从被动回应转为主动提问"

▶ "关键在于让员工建立同盟伙伴关系，使每个人都能充分发挥作用。我们通过跨领域合作来完成工作。"

▶ "参与项目的每个人都应当拥有共同的目标。否则不同团队的目标一旦产生冲突，就会导致相互对抗。"

▶ "我所在企业的管理层过去常常对员工的行为、思想和工作方式直接发号施令。后来他们学会了提出问题，让员工思索答案。如今管理层的做法更加有效。员工们一方面主动提问，另一方面也思考如何回答那些条理清晰、见解深刻的问题。最大的创新源于正确的问题。我们已经从被动回应转变为了主动提问。"

▶ "我们相信比起发号施令，鼓励和参与能让工作变得更加顺利，而事实也的确如此。员工的参与度已经从 14% 提高到了 92%。这对员工和管理人员都产生了重大影响。我们过去认为棘手的问题如今都能迎刃而解。"

▶ "领导者有时需要坚持'必须这样做'。但由于我们平时一直保持积极的态度，所以真的发生这种情况时，员工们会接受的。他们会表示理解，并与我们共同实现目标、继续前进。"

▶ "我会确保团队能获取信息，尽量提供背景说明。"

▶ "我会保护自己的团队，让他们远离权术和干扰，以便他们更好地完成工作。我会筛选出团队需要的信息并剔除无关的内容。"

▶ "我原以为在'敏捷'环境中，指导团队和培养员工的方式并不会发生改变，但事实恰恰相反。以前，我们总认为自己是开明的管理者，其实我们做得还远远不够。我们几乎没有时间去辅导并帮助员工成长。在采用'敏捷'流程后，我终于有了这样的机会，因为产品的所有权归整个团队共有，而我的职责就是为员工提供支持，让他们能够创造出满足任何质量需求的产品。"

▶ "你必须改变关注点。管理者需要真正理解团队合作的有效性并重视'敏捷'原则。不仅仅是实践'敏捷'，更需要用'敏捷'的方式思考问题。"

▶ "管理者应当努力促成团队合作，因为我们的角色是领导者，而非企业董事或代表。"

▶ "等级制度仍然存在，但我们消除了团队间的隔阂。管理者的工作也从指导个人和部门转变为了领导团队。"

▶ "领导者的职责已经不再是下令'去干吧'，而是提出'我们的目标是什么、如何实现、可能会遇到什么障碍、应该如何应对'等问题，并让员工一同参与探讨。"

▶ "我曾在崇尚指挥和管控的企业工作，但这种风格与我格格不入。我更喜欢相互合作。我相信人们能找到自己想要的答案。因此如果员工询问应该做什么，我会提出反问，帮助他们思考。"

▶ "我从不对员工进行指挥和管控。我会告诉他们首要目标是什么，并根据他们达成目标的方式来进行评判。"

▶ "有时员工会因为意见分歧去找管理者定夺。如今越来越多的管理者会让员工自行解决问题，而非直接下结论。只有真正出现问题时，他们才会介入。"

▶ "以前的管理是自上而下的。如果你在工作中与同事产生矛盾，管理者并不会直接指出问题。而现在情况则不同了。"

▶ "全盘接受所有人的观点可能会导致灾难性的后果。最终你会变得平庸。鼓励员工提出新思路确实意义重大，但也需要建立一套流程来发掘真正的金点子。"

▶ "领导者的指示必须具有说服力。如果我是产品团队的领导者，就需要说服成员采纳更好的方案。但他们不必因为我是老板而被迫同意，我认为这才是良性交流。"

▶ "管理者们如今负责管理工作质量。他们也会帮助员工管理职业生涯，让员工能够了解自己今后的职业发展方向及所需的专业技能。"

▶ "作为领导者，我的责任就是确保团队朝着正确的目标前进。其他团队成员同样也有责任关注项目进展并向我汇报。我认为自己的工作是聘用一批能够胜任工作的员工，让他们组成团队，并从中协调。"

▶ "员工可以与我私下进行探讨。他们能借此机会吐露心声，然后继续努力工作。员工需要一个宣泄的场所，也需要有人在他们遇到棘手问题时帮忙出谋划策。"

▶ "我们的员工需要长时间专注工作，其间也无法放松休息，这在初创企业中是常见现象。我们也知道这种工作模式不是长久之计。所幸员工们都愿意全力付出，因为他们明白让企业在市场中立足才是最重要的。因此，我们也乐意接受他们的奉献。"

▶ "我们仍在不断培养管理人员，帮助他们学习提高。人无完人，但我们知道什么是最重要的，也会朝着这些目标努力奋斗。"

▶ "企业的一些领导者已经能够做到信任员工并将工作全权委派给他们负责，而其他人还在学习过程中。这些领导者仍然会过分关注细节问题，并实行微观管理。领导者要学会摒弃这种管理模式，因为它会让员工感到权力被削弱了。"

5. 纠正性实践：培养新的行为及其他

▶ "抵制变革可能会阻碍企业发展。我过去任职的一家企业曾希望对客户服务中心进行大规模升级，并最终使工作变得更简单。但要想实现这一目标还有许多工作有待完成，而抵制的声音也不绝于耳。你经常能听到：'现在的工作明明很顺利，为什么我们要去改变它？'最后，一位管理者决心支持改革，并将其付诸实施。不过，他并非推行专制管理，而是选择耐心解释改革的优点，因此大家都很信服。事实上在升级完成后，员工们纷纷表达了对他主动承担领导角色并推动变革的感激之情。"

▶ "这是我多年前从一位管理专家那里听到的。他用《绿鸡蛋和火腿》这个儿童故事来形容企业变革的全过程：'那家伙追着我跑，怂恿我吃绿色鸡蛋和火腿好。我拒绝道，我说自己不想要。那家伙继续说服我尝味道，我始终不动摇……最后我拗不过那家伙只能试一试，却发现真的非常好吃。'这可能一语道破了管理改革的真谛：你必须坚持不懈、始终如一。"

▶ "如果有员工试图主导谈话，不接受反馈和做出改变，那么他们最终会脱离团队。我们可能会聘请他们作为专家，听取他们的想法、提出疑问，并与他们一同思考问题，但这样的员工不会成为团队的固定成员。"

▶ "至于那些不愿分享信息的员工，你只需要告诫他们：'我们不认可这种行为。如不改进，那么这里或许就没有你的一席之地了。'这也是一项关键的管理工作。"

▶ "假如告诫无效，有时我们不得不选择让员工离职。"

> ▶ **实践应用**
>
> 你能否看到这些例子所共有的关键要素：管理哲学、价值观、励志实践、人员管理策略及促进合作的纠正性实践？你知道他们怎样营造合作文化吗？这些要素与你企业的管理实践有多吻合？它们能否为你的企业提供借鉴？

共同目标不可或缺

多位受访的硅谷企业领导者都强调了共同目标的重要性，这在前文的一些评论节选中已经有所体现。

在大型企业中，多数员工都曾有过团队之间因为目标冲突而无法取得成功的经历。例如，一个团队认为排除产品中出现的几乎所有错误是必要步骤，而另一个团队则更加注重产品的快速交付。团队目标不匹配可能是源于价值观的根本差异。

在一个案例中，两个团队一起设计新道路的施工方案。一个团队希望以宽阔的机动车道和狭窄的人行道来疏导交通；另一个团队则更重视以宽阔的人行道和狭窄的机动车道来吸引行人。如果这两种不同的目标无法事先处理妥当，就可能阻碍工作的有效开展。

有时，领导者设定的目标可能也会不一致。员工一旦意识到这种情况，就应当立即向管理层汇报。很多时候，管理者可能没有意识到出现了这个问题。如果有充足的理由维持上述目标不变，那么领导者和员工也可以共同思考如何尽可能地避免矛盾。

此外，目标不匹配还可能是由团队自身造成，而非由管理层决定的。这时最理想的解决方案就是在团队内部自行解决问题。如果做不到，那么就需要请领导者介入，避免因目标冲突阻碍项目的成功。

共同目标能够让员工产生更强的主人翁意识，也能够提高他们合作寻找解决方案的意愿。在具有合作需求的团队间设定共同目标是一个好的开端，但这并不足以确保他们能取得成功。还有更多工作要做，员工们也必须牢记他们属于同一个整体。

不存在完美的企业结构

有些人认为，解决合作问题最有效的方法是让相互协作的团队全都隶属于同一位管理者。这种思路的出发点是，万一团队不能顺利开展合作，那么上司就可以同时对他们提出要求或帮助他们解决问题。但对于拥有数百名员工的企业来说，这并非最佳解决方案，因为你不可能要求所有员工都向同一个人汇报工作。这种做法不仅与管理者的原本目标背道而驰，导致他们无法尽可能对直接报告进行有效指导和处理，也会打破现有的稳定汇报关系。

下面来看一个产品开发项目的例子。有效的开发工作通常需要将设计、工程、制造、运营、销售和市场营销部门的员工集合到一起。如果你企业的组织结构以产品为主，那么企业可能会允许相关项目的所有员工都向同一位管理者汇报工作。但问题在于，每当一个项目完成后，员工通常就会被重新分派到其他项目团队中去。因此如果你希望每个项目都由单个管理团队统一负责，那么你就不得不反复变更报告架构。这仅适用于产品开发项目，且会让员工和管理层之间的关系变得不稳定。

同时负责其他项目的员工又该如何兼顾手头的产品开发工作？有些人可能正在对员工福利进行重新规划；其他产品开发团队的员工可能也被分配到了改善客户服务的项目中。由于员工需要同时参与多项工作，因此让某个项目的全体成员向同一位管理者汇报是不现实的。

受访的硅谷企业领导者大都表示，不应该依靠某种企业结构来化解分歧。相反，建立更加直观的企业结构才是正确的解决方案。在这种结构中，管理者更多地扮演着协调者和辅导者的角色，领导层不但自身会开展合作，也会带领手下团队一同工作，确保项目顺利完成。这样在遇到无法避免的问题时，员工既可以自行解决，也可以请直属或非直属的管理者进行调解。

高层领导步调一致

企业的高层领导团队不应该仅仅为自己负责的团队出谋划策，寻求利益最大化，而是需要共同管理整个企业的事务。如果高级管理层能够真正凝聚成核心团队，共同开展评估和决策工作，为关键项目提供资源和帮助，那么他们定能带领企业实现更远大的目标。反之，假如他们一味地关心自己业务团队的成功，就会催生一种抗逆境和内部竞争的文化，低级别的员工自然也会上行下效。

> ▶ **实践应用**
>
> 企业的团队合作是否有共同目标？你企业的组织结构在鼓励员工合作方面是否优缺点并存？你的高层领导是否与其他人合作愉快，起到了示范带头作用？如你需要与领导者探讨企业管理实践的问题，本章的内容或许可以为你提供依据。

第十一章

员工激励

THE
POWER
OF
COLLABORATION

本章将探讨对合作有显著影响的第二种企业实践：员工激励。

员工激励（企业如何奖励表现出色的员工）非常重要。正如一位硅谷企业领导者所说："如果褒奖某种行为，大家就会纷纷效仿。"

虽然我采访的领导者们大都奉行相似的管理实践，但不同企业在员工激励的理念和方法上却大相径庭。不过，尽管在具体实施上存在一些差异，但许多硅谷企业领导者都选择向员工支付同级别中较高的薪酬，并借此来吸引和留住经验丰富的专家人才。企业同样希望员工能够在生活成本极高的旧金山湾区安居乐业。而作为回报，大多数企业都期待员工能够全身心地投入工作中去。

一位领导者与我分享了下面这则故事，它展示了一种在许多硅谷成功企业中具有代表性的员工激励理念，这种理念尤其适用于鼓励员工开展合作的企业。

激励所有员工让企业受益

在某次并购中，我的企业需要与另一家企业合并，但双方的薪酬制度存在差异。对方企业会为一些领导者提供津贴，但仅有小部分员工能够享受这一福利。

我的企业在薪酬方面则遵循另一种理念。我们制定了一套涵盖所有员工的激励机制。除合理工资外，企业还为努力工作、成绩突出的各级员工提供奖金。我们认为这才是提升员工积极性的正确手段，而且这样做还可以赋予员工更强的使命感，让他们拿出更好的工作表现和成果，最终帮助企业获得成功。

我们希望对方在合并后转而实施我们的薪酬体系，为此双方进行了长时间讨论。由于合并后的新企业员工数量庞大，对方企业的领导者认为我们无力支付巨额奖金。因此，他们觉得没有理由再去争辩我们的计划能否激励员工，让他们更加努力地工作。

但我知道，我方的薪酬计划确实更合理。于是我花很多时间设计了一个商业案例来印证这一点。我的目标是证明新合并的企业能够负担得起这样薪酬的计划。事实上我们需要做的只是对奖励和其他预算项目的优先程度进行重新安排。经过多次会谈，我终于成功说服了高级管理层。他们在看到充足的证据后，也认同了计划的可行性。

接下来，我还必须证明发放奖金是值得的。比起仅仅奖励部分领导者，与各级员工分享财政福利对企业的整体发展有着更为显著的积极影响。根据外部专家的研究数据，我最终说服了合并后的新领导层采用一种对任何高绩效员工都适用的更宽泛的奖励制度。

如今大多数高层领导都非常赞同这种薪酬体系，因为它有助于企业获得整体成功。

我一直坚信，没有一种员工激励制度能够适用于所有行业或某个特定行业，而这也与众多硅谷企业领导者的观点不谋而合。此外也有研究证实，比起限制高级管理层的绩效奖金所得，奖励所有辛勤工作并取得成果的员工能够为企业带来更大的益处。

奖励表现出色及开展合作的员工

硅谷企业领导者们分享的信息中还存在另一种关键的模式。几乎所有人都提到了为员工合作设置奖励的重要意义。这些企业不仅在理念上期盼员工相互合作，更将其直接写进了薪酬制度中。

一些硅谷企业领导者向我介绍了他们各自的员工激励计划，重点涉及两个方面：奖励所有辛勤工作且成果突出的员工，以及奖励所有通过合作取得上述成果的员工。

企业都有着自己的一套激励模式。有些将其纳入基本的工资或薪酬体系中，也有些通过奖金来褒奖员工，还有些企业将激励与福利制度挂钩。下面我会列举一些领导者们对于各自企业薪酬制度的评价，你在阅读时不妨思考一下，这些想法是否适用于自己的企业。

1. 简单的薪酬制度：向成绩出色的员工支付高额工资

▶ "我们的薪酬制度很简单：无论哪个岗位，我们的工资都是同行业最高的。我们会调查其他企业的工资水平，并考虑顶替现有员工的成本有多高。最后我们会扪心自问，如果有员工提出离职，我们愿意付多少钱挽留他。"

▶ "我们的理念就是'钱不是问题'。而作为回报，我们期待员工能够长期坚持努力工作，这在企业中可谓司空见惯。尽管如此，我们也不会支付远高于其他企业的薪水，因为我们不想用金钱将员工束缚起来。我们希望他们留下的原因是出于对企业和自身工作的满腔热情。"

▶ "我们会根据员工的技术贡献和企业文化适应程度对其进行考核（文化适应包括如何与他人合作等因素）。说好话并不能得到更高的工资。只有当员工充分展示自己的工作能力、成果与合作水平时，才会获得加薪。"

▶ "我们避免对员工进行诸如'表现最佳的30%'和'表现最差的10%'等排名。换句话说，我们不强迫员工与同事处处较劲，因为我们希望他们不是相互竞争，而是能够互帮互助的，他们也确实做到了。事实上，我们期待所有员工都能努力跻身前10%。"

▶ "合作是我们衡量员工的关键指标之一。"

▶ "企业给管理者大笔资金，由他们决定如何下发。我们会指出不同策略的优缺点（如由少数顶尖员工分享巨额资金，势必引起多数人的不满）。我们正在构建新的奖励制度，既关注工作成果，也关心工作方式。员工能否合作无间？能否适时领导团队？能否帮助公司发展？"

▶ "我们有一套完善的财政激励体系，同样涵盖了企业的高层领导。考核评级和报酬中有相当一部分与领导者在自己团队及其他团队中的合作情况挂钩。"

2. 奖金：鼓励合作的好方法

▶ "我们通过一整套详细的业绩考核标准来发放奖金，其中包括员工与他人的合作情况及企业在该时间段内的市场表现等。"

▶ "奖金每年发放两次，评定的标准既包括企业层面的因素（收入、成本控制和盈利能力等），也包括业务团队和个人成果。与他人合作就属于后一方面的因素。"

▶ "如果有人在最后时刻挽救了一个项目，而我们对其进行奖励，那么往后每个人都会想当英雄。因此我们尽量不奖励这样的员工，而是去奖励那些通过持续合作出色完成任务的人。"

3. 递延报酬可能导致不良后果

▶ "我们不希望管理者通过股票期权和股份兑现等手段来'收买'员工，因此所有薪酬都是实打实的。我们希望管理者营造一个好的工作环境。员工可以随时离职，无须担心受到追加罚款，但几乎所有人都选择留下，因为他们喜欢这家企业，对自己的工作也充满热情，他们还能获得高额的工资。这些都与递延报酬制度无关。"

4. 假期：按需休假，养精蓄锐后重新投入工作

▶ "我们有灵活的休假制度。作为努力工作的回报，当员工们需要养精蓄锐时，可以尽情享受假期。如果休假不满 3 周，我们反而会感到奇怪，因为他们确实需要进行休整。员工的休假时间通常为 3~6 周，有时更长一些，有时稍短一些。我的团队始终保持着良好的工作节奏，因此我从未对员工的假期进行干涉。"

▶ "我们取消了原有的假期时间累计制度，新的休假制度效果更好。

老员工曾反对这项改革，因为他们认为自己的权益蒙受了损失，而新员工则可以不劳而获。为此我和老员工进行了会谈，并对他们的错误看法进行了指正。事情并非一帆风顺，过了一段时间后大家才逐渐意识到奖励应该基于良好的工作表现。为了能在圣诞节后连休，你应该努力工作而不是在年假中留出一天。"

5. 其他福利待遇

▶ "我们企业的产假最长为一年。当然，并非每个人都会休息那么久，这完全由员工自行决定。但无论时间长短，我们都希望他们能彻底放下工作去适应为人父母的生活（或养育更多的孩子）。"

▶ "得到同事和同僚的认可尤为重要，但它必须建立在公正评判的基础上，同时还需要依靠自身的努力去赢得。如若不能满足这些条件，那么这种认可就失去了意义。"

▶ "认可在这里非常受重视。如果有人表现突出，大家会推举他接受表彰，员工之间也会互相认可。这种行为鼓励我们去发现他人所做的贡献并给予奖励，同时它还能营造合作的氛围。未来再次进行搭档时，大家就会相互尊重并将对方视为团队的重要一员。"

▶ "我记不清从前的工资是多少，但我不会忘记自己曾是一个优秀团队中的一分子。我得到的最有意义的奖励是总裁的一封亲笔信。虽然与我仅仅相隔五间办公室，但他仍然花时间以书面形式对我表达了真挚的谢意。如今我仍然保存着那封信，也很喜欢这种方式。"

6. 激励政策也可能阻碍合作

▶ "'同工不同酬'"会使员工产生敌对意识和不满情绪。员工会认为自己遭受了不平等对待，因而对他人怀恨在心。我们企业正在努力消除这种情况。虽然目前仍然存在某些不平等现象，但我们一旦发现问题就会立即改正。"

▶ "对工程师而言，成功或许意味着发明一项杰出的技术；而对财务人员来说，盈利能力是衡量成功的标准；制造部门的成功在于产品生产工艺简便且成本低廉；一次成功的采购则是指轻松买到生产所需的零部件。每个部门通常都有不同的成功标准，而这也正是员工当前获得奖励的考核指标。但他们并未根据企业的整体表现而受到奖励，这是不正确的。"

▶ "一位曾与我共事的首席执行官信奉优胜劣汰，因此他建立了相互竞争的工程团队。这使企业形成了一种残酷的争斗文化：销售团队互相窃取销量，服务团队也争夺客户。这位首席执行官在其他方面都很出色，但他所建立的体系根本不起作用。我们没有关注其他企业的发展动向，却整天以挖掘其他部门的'糗事'为乐。"

并非所有企业都制定了完善的激励机制，许多都仍处于摸索中。有些企业已经意识到了对合作进行奖励的必要性，因此他们的计划会更加周全。激励制度应当鼓励正确的行为，这是大多数受访领导者的共识，而他们也愿意以此为目标，继续完善企业的激励机制。

▶ **实践应用**

　　思考一下，你所在的行业和企业存在哪些常见的激励机制？这些激励制度能否促使员工努力工作并取得优异成绩？你的薪酬、奖金和其他金钱与非金钱奖励是否包含了加强合作的初衷？如果是，它们能否有效鼓励员工开展合作？你企业的激励机制还有哪些不足之处？

第十二章

相互接触推动合作

THE
POWER
OF
COLLABORATION

相互接触能够推动合作，这一点非常重要。无论是哪种类型的合作，要想获得成功，员工就需要与他人多加接触。如果企业的文化没有突出这一特质，那么合作可能会面临失败。本章将着重分析最后一项企业实践：为员工创造一个环境，让他们能够接触到合作对象。

　　这里所指的"接触"可以分三个主要方面进行讨论。首先是利用办公室的布置来增强合作。行业办公室设计专家与组织心理学家组成的团队如今正帮助企业领导者们设计有趣的工作空间，从而提高员工的工作效率和团队精神。麻省理工学院博士本·瓦贝尔（Ben Waber）是这个领域的专家，他表示："物理空间促进合作的效果最为显著。数据表明，在软件等复杂行业中，能够最大程度提升绩效的行为是员工间自发的互动。"

　　第二个值得探讨的话题是员工如何突破现实距离的限制与他人开展合作。"地理位置分布"可能意味着身处企业园区中的另一栋建筑，也可能意味着需要在不同州、不同国家乃至世界各地工作。然而在某些企业，即使只是在同一幢楼中相隔几个楼层，员工仍然会出现明显的合作障碍。在他们眼中，这种"隔阂"清晰可见。

即使企业员工的地理位置相对集中，本章仍然可以为你指点一些能够提高合作效率的金点子。

第三个方面则是关于如何在家工作。

我们先来看看一个例子，一位受访的硅谷企业领导者通过主动接触在医疗中心工作的同事，努力为患者提供最好的医护服务。

主动接触同事更有效

20年前，我刚刚成为凯撒医疗的一名外科医生。当时的科技远不如现在发达，因此我无法实时查看电子版本的报告、记录、化验单和其他需要在病人就诊前复查的信息。我会联系病人的基层医生来讨论他所做的诊断，我还会从放射科、肿瘤科及其他相关科室的医生那里获得检验结果并听取他们的诊断意见。

为此我需要四处奔走并与同事进行面对面商议。这个步骤非常重要，凯撒医疗和绝大部分医疗机构都将其作为标准流程。虽然以现在的眼光来看这套流程的效率不高，但在当时它的确是必要而有效的。

后来我和其他一些同事意识到，定期会面并讨论转诊病人的病情效果更好。我们不必对每个病人进行零散的探讨，而是可以在一场会议上集中商讨所有病人的病情。我们能够借此机会分享各自的发现、观点和相关病例的既往经验，其他人也可以更好地理解我们诊断的依据，并提出一些启发性的问题。我们认为这一方面有助于病人得到更好的护理，另一方面也给我们提供一种分享知识和相互学习的途径。

付诸实施后，我们惊喜地发现小组会议不仅具有学术价值，还能提升个人满意度。会议在多数人有空的午餐时间举行，达到了出人意料的效果。一起"掰面包"可以增进彼此的了解，让我们更容易提出不同意见或要求。如果换作其他场合，我们可能就会有所顾虑。

我们原本估计每周会面的核心团队包括 6 名专家。然而，当午餐会的消息传播出去后，其他人也要求加入。于是参加会议的专家人数增加到了约 20 人，其中既有来自基层、外科、放射科和其他科室的医生、护士与顾问，也有参与相关病人医护工作的其他人员。即使有时无法亲自到场，他们也会通过电话或即时通信软件参与讨论。

这是一个跨种族、国籍、年龄和性别的团队，成员的专业头衔和工作职责也各有不同。这种多样化的背景不仅有助于提升工作效率，更能使患者和参与者自身都从中获益。我们逐渐开始更加了解他人的角色、需求和处事风格。

我们就协调工作达成共识，避免病人在医护人员之间来回转诊。这不但对患者有利，也能减少团队成员的麻烦。我们的指导原则是：治病救人是重中之重。

虽然科技的进步已经能够实现当初组建这个团队的一些初衷，但成员们如今仍会定期碰面。事实证明这种模式的确非常有效，否则我们就没有理由继续开会了。

在这个凯撒医疗的典型案例中，员工通过接触他人来改善工作，从而为病人提供更好的医疗服务。虽然他们大多数人在相互毗邻的楼宇中工作，但为了直接会面，他们仍然需要一个能容纳 20 人的房间和联络不在场同事的通信设备。他们还需要一种合适的会议模式。最重要的是，尽管每位医护人员都极其忙碌，但他们仍然履行承诺，把会议作为优先事项对待。

设计人性化的工作空间

尽管凯撒医疗的专业人员不需要每天相互交谈，但其他企业的员工往往需要更频繁的交流。物理空间配置可以为有效开展合作提供很大的助力。硅谷企业的许多领导者已经意识到了这一点，并表示如能让员工更好地合作，即使重新设计工作空间也是非常值得的。

为了满足不同团队的需求和想法，越来越多的企业开始设计风格各异的工作空间。一位硅谷企业领导者总结道："舒适的环境有利于合作。员工对办公室温度也会有不同要求。如果工程部门要求室温维持18摄氏度，而法务部门则要求维持24摄氏度，那么你就必须想办法解决。"

有些企业非常重视物理空间的设计，因为这样可以鼓励员工在办公室待更长时间，并让他们在更舒适的环境中工作。我们可以看看谷歌公司在曼哈顿东海岸的总部为员工提供了哪些服务："我们的精选咖啡厅提供免费三餐；百老汇主题的会议室吊装了天鹅绒窗帘；会谈区域设计成老式地铁车厢风格……图书馆中有一个书架打开后可以连通一个秘密房间。"他们在硅谷的总部园区也同样令人惊叹，这很好地体现了谷歌"创造世界上最快乐、最高效工作场所"的承诺。

各家企业对设计有趣、独特、舒适的物理空间的重视程度和投入的资金都不尽相同，找到符合企业自身状况的方案最为重要。不过，无论怎样设计工作场所，其背后的理念都是相通的，那就是为员工提供更加舒适的工作环境，让他们愿意工作更长时间。我认为硅谷的企业对这种理念的领悟程度要高于其他地区。

下面来看看一些受访的硅谷企业领导者对办公室设计的看法。不妨思考一下，他们的意见是否能够改善你企业的工作环境？

▶ "我们的空间就是为合作而设计的。每栋大楼和各个部门的办公室风格都不一样，但大多数楼内都设有召开站立会议的房间，有些还提供了项目团队专用场所。员工通常在开放的工作区域内、没有隔墙的方形空间内办公。我们的新大楼则专门设计了公共空间——'起居室'风格的放松区域和会议室。在这里你唯一不能做的是在白板上写满字后不擦干净就离开，因为它们是大家共用的。"

▶ "新会议室投入使用后，员工们很快便纷至沓来。我们建造新的办公空间时，都会考虑需要配套哪些设备（或技术等）。这一点尤其重要，因为一些会议的参与者不能亲自到场。"

▶ "我们的物理布局是企业合作文化得以成功的重要推手。我们为各个团队准备了许多开放式小隔间。举例来说，如果财务部门和市场营销部门的员工需要会面，这种设计就非常方便。他们可以坐下来交谈，这样对话也会变得更加轻松有效。虽然开放式布局也有缺点（其他人可能无意中听到隐私内容），但总体而言，它对我们的工作起到了很大帮助。任何设计都存在利弊，因此你必须明确需求并寻找有针对性的解决方案。"

▶ "员工都在方形空间而非独立办公室内工作。最近有团队不满足于这种设计，表示他们需要一个完全开放的工作环境和一块可以在上面书写的玻璃板，我们认为可以做到。虽然花了一点钱，但只要能够提高工作效率，这么做就是值得的。如果效果确实很好，我们还会考虑为其他可能需要的团队提供相同的环境。当然这并非强制命令，各个团队也可以对办公空间提出自己的需求。"

▶ "如果某个团队想要延长一间小会议室的使用时长，他们可以向设备部门反映，这间会议室就会在一段时间内成为他们的专用空间（例如市场营销部门在品牌活动期间需要一个作战室）。但员工下班离开时不能把东西留在大会议室里。此外，我们也有能够容纳 1~6 人的私密隔间。每个楼层都设计了开放空间，配有舒适的沙发和椅子、靠窗的监视器和白板。我们还有许多公用的玻璃和白色写字板。"

▶ "物理环境非常重要。我们把选择权交给员工，让空间真正为他们所用。长时间工作时，员工需要舒适的办公环境。我知道有企业把自行车和滑板作为员工在不同楼宇甚至各个楼层之间移动的手段。我们目前还没有尝试过，但将来或许也会效仿。"

▶ "从独立办公室转变为开放区域（方形空间）似乎已经成了办公空间设计的新趋势，我们企业也选择将办公桌布置在宽敞的开放空间里。我个人认为'取消办公室'不是最好的办法。当然，员工们也有不同的工作方式，有些人需要更安静的环境，而其他人可能并不太在意。这种开放式设计确实有诸多优势，但问题在于很难同时满足所有人的需求。"

▶ "我们试图打乱员工的座位，比如让财务人员和客户坐到一起，但这很难做到。他们更愿意和同部门的人坐在一起，因为他们与部门内同事的互动要比与客户的交流更加频繁。"

▶ "公共区域更方便员工开展工作。他们可以大声谈话，进行更多交流。这已然与 10 年前大不相同。"

▶ "我们可能还需要继续改进。企业已经意识到了空间的重要性，因此在大楼装修时，会更好地考虑每个团队的需求并调整办公空间。我们并未在这方面领先于业界，但我们正在不断学习。"

▶ "我们有意识地为会议室安装了玻璃幕墙，因为这样可以强调公开透明。当你路过时，你可以清楚地看到投影仪上的任何内容。"

▶ "我们精心布置了几乎所有的办公室，但并没有遵从某一条核心设计理念。大部分空间都非常开放，而一些高级管理层和人力资源部门的员工则拥有保护隐私的封闭办公室。一般来说，员工的办公桌都是开放的。我们也准备了一些配有桌子和电话的私人空间可供使用。"

▶ "企业没有任何封闭的私人办公空间。如有隐私事务，员工可以使用会议室和临时办公室，但我们不设私人办公室。大部分楼层布局都非常开放。如果团队有需要，我们会定制一片区域，在项目期间供他们预约使用。"

▶ "我们的办公楼有很多开放空间和会议区域，但它们的设计并非千篇一律。一般每个团队都拥有自己的方形空间。工程师们通常配有办公桌，但你不必在桌前工作。你可以寻找适合自己的办公地点。有时你可能需要安静的环境来集中注意力。为了能把工作做好，我鼓励员工去任何满足他们要求的场所办公。"

理想状态下，工作空间的设计应该符合企业员工和团队的需要。一些员工能从长期的频繁互动中获益。在上述例子中，企业已经发现开放的工作空间能够鼓励员工自发进行交流，从而催生更好的成果。

其他员工可能会受益于短期内的频繁互动，但他们不必随时相邻而坐。有时员工认为需要开一次短会，与其他人一同集思广益，于是他会进行联络，询问同事能否在方便的地方会面。对于这样的团队而言，他们需要的往往是一个相对安静的场所，既有舒适的座位，又有白板来记录成员的想法。

那些聘用数百名不同职能员工（工程、运营、市场调研、销售、财务、人力资源等）的企业可能会需要多种类型的工作空间。

有许多方法可以让你掌握物理空间配置的信息，帮助你最大限度地实现员工的需求。互联网上可以搜索到大量相关内容，你也可以雇用工作空间设计这一新兴行业的专业人士。

我在与硅谷企业领导者的交谈中发现，在讨论办公区域的设计方案时，他们都会征求员工的意见。这样能够保证员工的要求尽量得到满足，同时也向他们传达企业尊重员工呼声的态度。

> **▶ 实践应用**
>
> 你的企业是否重视物理空间的设计？这种设计能否最大限度地提高工作效率和员工的舒适度，又是否符合特定团队的需要？办公空间能否起到增进合作的效果？你能从硅谷企业领导者那里学到哪些适用于你企业的经验？

地理位置分布的效果因人而异

是否应该将员工安排在不同的地理位置工作，始终是一个富有争议的话题。从不同的角度来看，答案首先要取决于在多个地点设立工作场所的成本问题。如果地跨多个国家，还可能会涉及一系列问题，如：需要合作的员工之间是否存在语言、文化和时区的差异；物理和网络安全问题；聘用或签约其他国家员工可能带来的社会政治问题；等等。另一方面，将部分企业职能（例如客服中心或代码开发团队）迁往人员成本较低的地区常常能够省下一笔非常可观的成本，而这又可以抵消潜在的问题与挑战。此外，当两家企业合并时，它们的办公地通常并不相邻，且关键员工往往分别身处两个相距甚远的地区。

有人认为在不同国家聘用员工能提高工作效率。人员遍布多个时区可以延长企业的工作时间。由两个甚至三个专业团队"轮班倒"工作，能够大大加快项目的进度。

其他国家的员工也能帮助企业了解当地文化，从而在定制产品时更好地满足客户的需求。当地销售人员还更容易推销产品。此外，企业在总部所在地之外的其他地区或国家招募员工还有许多其他优势。

另一些人则认为，由于员工无法进行顺畅的交流，地理位置分布带来的工作效率提升会因沟通困难和缺乏持续性而被抵消。

对于这个问题，硅谷企业领导者们也看法不一。你可以思考以下哪种观点最符合你企业的实际情况。

▶ "我们的一大特点就是地理位置集中。你必须时常与需要互动的同事邻座。这一点在市场营销和工程部门尤为突出，其他职能团队也是如此。我们告诉员工：'即使你想离开丹佛也不行。'"

▶ "我们允许销售人员分布在各个地区，这样他们就更接近客户了。但我们希望工程部门的员工能在同一地点办公并相互合作。"

▶ "我的观点是，如果合作至关重要，那么员工就应该集中到一起。我不喜欢需要连接到企业总部的远程代码开发团队。当然，如果能对项目进行分段并将其中某一部分单独交给远程团队完成，那我还可以接受，否则成本就太高了。美国的程序员很难与印度或英国伦敦保持紧密联系。虽然我们也会这么做，但需要使用苹果的 Facetime、谷歌的 Hangouts 等各种视频通话软件。这些方法可以满足个人联络的需求，却无法解决团队的沟通问题。实现高质量的远程团队通信是非常困难的，目前技术尚未成熟。"

▶ "我们有很多异地员工，因此经常使用即时通信软件 Skype 和其他技术手段。这些工具都各有利弊。我们的团队遍布全球各地。我并不需要每天坐飞机四处奔波，但我和大多数员工都保持交流。我们需要开展合作，也需要考虑工作与生活的平衡。我既是企业的管理者、员工，也是孩子的母亲与辅导者，因此我需要在工作和生活之间找到平衡。对我来说，早上 5 点起床是最好的办法。没人强迫我这么做，这是我自己的选择。"

▶ "地理位置分布对我们这个行业的未来有着深远的影响。如果人手不足，企业可以从全球任何地方招聘员工，即使是身处阿富汗的人也能与我们一同工作。这种模式大大提高了效率，也让我们可以更加灵活地扩大或缩小企业规模。但需要记住的是，所有员工都应当遵循相同的严格标准，外部员工也必须依照企业的质量和内容标准接受培训。"

▶ "我们每周会在这里召开 6~12 次会议，平均下来每年大约是 500 次，这其中包括了各种谈话、电话会议和普通会议。因为企业注重人际关系，而员工们又分散在各地，所以我们需要不断地开会。"

▶ "我们的地理位置分布确实较广。正因为如此，我们发现如果员工们能经常面对面交流，他们的工作效率就会大幅提高。倘若员工们已经知根知底，那么即使在远程联络时也能更好地激发创新思维。我们还了解到，当面交流可以更好地应对困难的对话。有一次话题讨论非常激烈，因此我们约定在伦敦见面。我们想要在交谈时注视对方，这一点很重要，这有助于建立更高层次的互信。那次会面取得了非常重要的成果，这是通过电话或视频会议无法实现的。"

员工分散在各地是否值得？答案取决于诸多因素。一项工作能否拆分成多个独立的分段？如果不能，那么员工在无法直接见面的状态下能否顺利完成手头工作并与其他人无缝衔接？这个问题没有统一的答案，必须考虑不同产品和企业的实际情况。

你也许能从同行业中已有此类经历的人那里了解更多信息。你可以联系所在领域的相关专业组织，充分借鉴他人的经验教训。如果你的企业认为地理位置分布值得尝试或有必要性，那么需要应对的问题就是如何通过合作精神让员工保持更紧密的关系。

▶ **实践应用**

你企业的员工在需要合作时会不会感到彼此存在距离？企业领导层是否意识到了这一点，并采取了相应措施帮助员工克服异地工作的缺点？你的企业是否为员工营造了一个良好的远程合作环境？还有哪些地方可以继续提高？

远程办公与当面交流结合才是上策

地理位置分布还涉及在家办公的问题。对此硅谷企业领导者们也各执一词。支持者认为，在家工作既能提高员工的满意度和工作效率，也能减少干

扰。也有人将其作为一种提升员工忠诚度的额外福利，可以偶尔或定期提供
（例如员工需要回家修理空调时）。

从本质上看，这个问题并没有标准答案。远程办公的员工数量越多，企业的办公室就能更小、租金更低。但另一方面，为了提高员工在家工作的效率，企业往往需要付出更多的技术成本。反对者们也提出，无法集中管理员工会对企业造成负担，员工之间是否能够顺利合作也存在疑问。

我们不妨再来看看硅谷企业领导者们对于远程办公的独到见解，希望你的企业能够从中得到一些新的启发。

▶ "我们没有严格的规章制度，但我不喜欢聘用一个长期在家办公的人，如果只是每周一天在家办公的话我可以接受。不过，我们需要经常面对面交流来完成工作，因此我希望员工在有需要时来办公室报到。"

▶ "我们允许某些岗位的员工在家工作，将来可能还会推广到更多岗位。"

▶ "我们允许远程办公，但管理人员会受到更多限制。毕竟管理层经常整天都在开会，远程会议操作难度很高。"

▶ "是的，管理人员和普通员工都可以远程办公，但这确实也会给员工合作及其他企业活动带来挑战。我们的部分办公室设有通信软件和视频会议系统。企业在多个州都安排了专人负责招聘工作，而我从未见过他们。我们的工程师也遍布全球各地，他们偶尔会来露个脸，但大多数时候都在当地工作。这套模式对我们来说是有效的，不过是否适用于其他企业还要取决于具体的工作内容和工作地点。远程办公较为流行，仅此而已。"

▶ "你必须意识到，远程办公的技术也分'好坏'。'坏'技术会让人隐藏起真面目（你在电子邮件中看不到我的脸，所以我可能会害你并逃之夭

天）；也有可能双方在达成协议前需要经过 20 次漫长的互动。视频通信则是'好'的技术，因为你能看到我的脸，我们也可以通过多种方式进行交流。当然你可能不得不出资把成员们定期召集到一起，毕竟面对面的互动也非常重要，千万不能为了省钱而因小失大。你往往能从当面沟通中学到更多东西，建立个人关系也能提升互信并强化合作。"

▶ "是的，我们允许远程办公。起初，那些在异地工作的员工或管理人员会感觉自己不是企业的一分子，像是受到了孤立。因此我们花了两年时间努力让他们参与进来。我们有意识地创造接触的机会，情况也慢慢好转了。这件事让我们充分认识到了面对面接触的重要性。我们的秘诀就是邀请异地员工前来与我们一同工作，有时我们也会主动去找他们。这是一种投资，仅仅是按部就班地实践远程办公的模式还不够，更重要的是让员工愿意投身其中。我们拥有全部所需的技术手段，这从来不是问题。关键在于其他（深层）方面。"

远程办公可以给雇主和员工带来许多益处。对于某些甚至全部员工来说，它或许都是可行的选项。如果远程办公确实能对企业产生积极影响，你可以鼓励领导者推行这种模式。

但我建议你记住"工作热情会随着时间慢慢消退，必须通过面对面互动来帮员工'充电'"。除此之外，定期将员工召集到一起还有另一项重要意义。专家证实："大脑每时每刻都在扫描潜在的风险……判断对方是敌是友的一项关键标准就是非语言线索。"即使最好的技术手段也无法为人们提供机会进行这种评估，因此只有当面交流才能建立互信，并为合作奠定良好的基础。

下面我列举了一些企业开展远程办公时经常会采用的关键政策和实践措施。

▶ 制定远程办公的总体政策。确定允许远程办公的岗位和频率及每个岗位在实践过程中应当遵守哪些要求，如工作时间多长、怎样与其他员工沟通等。另外，还需要决定哪些岗位不适合在家工作。

▶ 向员工合理告知这些政策，让他们知道企业可能会对现有政策进行修改，而在家办公也并非无限期的特权。

▶ 为员工建立一套远程办公的申请流程。

▶ 思考你应如何确定远程办公对某些岗位或特定员工是否有效。

▶ 确定何时召集员工进行面对面交流。

▶ 制定与在家办公配套的健康和安全政策，确保员工的家庭空间符合这些标准。

▶ 检查在家办公是否属于企业保险的理赔范围，并保证足额投保。

▶ 弄清员工在家工作需要哪些设备，由哪一方负责设备采购和维护工作。

▶ 确保员工使用的技术设备符合企业的相关安全标准。

> **▶ 实践应用**
>
> 你的企业是否允许员工在家办公？如果允许，实际效果如何？它是否会影响员工与他人合作的能力？根据本章中的内容和自身的经验思考一下，如果你的企业对现行政策进行修改，你们能从中获益吗？

第十三章

合作精神

THE
POWER
OF
COLLABORATION

我们中的一些人有幸加入了一些真正充满凝聚力的团队，成员们将个人智慧结合在一起，形成强大的集体头脑。正因如此，团队才能取得他人难以想象的巨大成功。那么假设这种凝聚力并不局限于某个团队，而是扩大到整个企业又会怎样？想象一下，如果这种情况发生在你的企业，会是什么样的情景？

我用"合作精神"这个词来定义那些能够带来前所未有的成功的凝聚力文化。硅谷的许多企业都拥有这种精神。我们已经介绍了团队合作的三个层面：个人技能、团队工具和企业实践，而合作精神正是将它们融会贯通后的产物。但这还远非合作精神的全部含义，合作应当成为所有人都信奉的完整或核心的价值观，以及一种为人称道的生活方式。员工会意识到应该摒弃竞争，与同事共同努力。

走访时我发现，硅谷企业员工的互动方式与普通企业截然不同。他们愿意暂停手头工作来帮助他人，也懂得充分活用集体智慧。他们能感悟到企业充满凝聚力时所催生的协同效应。在这种状态下，员工们更有可能发明出一种平价可再生能源或增进沟通的移动设备。这不仅有利于企业取得成功，也让个人更有可能实现自己的职业目标。

在第四章末尾，我们领略到了一家跨国企业是如何将这些要素整合到一起的。在详细了解了硅谷合作模式的各个组成部分后，下面我们不妨来分析一下旧金山湾区当地的美国职业篮球联赛（NBA）球队：金州勇士队（Golden State Warriors）。

金州勇士：合作精神的践行者

作为一支三年内两获 NBA 总冠军的球队，金州勇士在旧金山湾区以外同样培养起了大量球迷。夺冠自然是重要原因之一，但他们的比赛风格和运营管理方式也不容小觑。球队由老板乔·拉科布（Joe Lacob）、董事长里克·韦尔茨（Rick Welts）、总经理鲍勃·迈尔斯（Bob Myers）和主教练史蒂夫·科尔（Steve Kerr）领导，球员们不仅运动能力超凡，而且坦诚相待。在所有人的共同努力下，队内形成了一种"透明、自在、平等的环境"，进而成功打造出一个"享受比赛、球风自由、传球至上"的篮球品牌，这种经营理念堪称典范。

勇士队如何发挥球员的个人天赋，并将他们训练成一个难以战胜的团队？这样的分析文章已经数不胜数。我们可以从中对这支球队一探究竟，看看他们是怎样践行硅谷合作模式的。

这个实例与我对硅谷企业领导者的采访是相互独立的。它是我经过几个赛季的密切观察后"绘制"出的一幅"鲜活画卷"。

球员们的个人技能

1. 忠于自己

所有在美国成为职业运动员的人都有许多值得称道之处。他们的动机各不相同，有人追求金钱、有人享受喝彩、有人希望通过打破纪录让自己的名字载入史册，也有人很高兴能有机会为社区做出贡献，并成为青年人的楷模。绝大多数人都会向往在自己最擅长的领域成就一番事业，因此无论出于什么目的，成为一名职业运动员都非常具有吸引力。

但实现这个梦想却并非易事。我们可能会发现要找到一份理想的工作非常困难，而成为职业运动员更可谓难上加难。立志成为运动员的人的数量要远远大于职业队伍成员的缺口。只有经过多年的严格培养和训练，才有机会在这些职业队伍中找到一席之地。此外，要想稳固自己在队内的位置，还必须长期保持身体健康并不断提升自己的技能水平。因此，每位运动员每天都需要忠于自己或自己制定的目标。

德雷蒙德·格林（Draymond Green）就是一个最典型的例子，他逐步学会了控制自己的情绪，不被其左右。由于经常毫不掩饰地表达自己的内心情感，格林被戏称为"球队的妈妈"，此外，他打球时也总是充满决心。然而这两项因素却使他在 2015—2016 赛季陷入困境。如果一名球员累积了一定数量的技术犯规（通常是有违体育道德的犯规），就会被禁赛一场。在对阵克利夫兰骑士队（Cleveland Cavaliers）的总决赛第五场，格林就遭受了禁赛处罚，而这也改变了比赛的走向。金州勇士最终在抢七大战中负于骑士队，痛失总冠军。

从此以后，格林发誓要控制好自己的情绪，而他在 2016—2017 赛季中兑现了诺言。根据《今日美国》（*USA Today*）的体育作家山姆·阿米克（Sam Amick）的报道："当初导致他关键场次禁赛的无谓犯规现在已经不复存在了。"

格林称那次禁赛给了他一个深刻的教训。他终于领悟到自己必须做出改变。于是他开始学习掌控情绪，并更加忠于自己。格林表示："它教会了我很多东西，所以我很感激。我不是那种遇到问题就沉浸在痛苦中的人，我会接受它，从中吸取教训，然后继续前进。"

2. 忠于他人

球队管理层根据收集的统计数据来判断应该支付球员多少薪水。这些统计数据中最基本的项目就是得分，即球员为自己的球队投进了多少球。在大多数 NBA 球队中，球员的得分比他的助攻（传球给队友让他们得分）次数更重要。

然而，这种情况已经开始改变了。一些老板和教练已经意识到，仅仅追求最多的个人得分可能会与球队获胜的目标相违背。金州勇士就是这种思维方式的最佳代表。在 2016—2017 赛季，他们创造了助攻次数最多的联赛纪录。

有些球星在加入勇士队之前是其他球队的"老大"。为了能帮助球队，他们甘愿放弃首发位置和提升个人数据所需的出场时间。

此外，队中还有多名球员入选了全明星赛，但他们并不只专注于个人得分，而是会主动承担助攻年轻球员得分的任务。比起自己的统计数据，球员们更关心他们的队友，这种做法既能为球队带来胜利，也会让队员们享受互相支持的喜悦。

忠于他人在金州勇士队中有着多方面的体现。当斯蒂芬·库里（Stephen Curry）和凯文·杜兰特（Kevin Durant）这样的球星在替补席上休息时，他们没有独自集中精神恢复体力，思考回到场上后如何行动，而是选择为队友疯狂喝彩，电视转播经常拍到这样的镜头。

3. 忠于工作

即使经历了漫长的夏季训练、季前赛、82 场常规赛以及可能持续到 6 月的季后赛，勇士队也从未忘记他们的目标和承诺。

截至 2016—2017 赛季常规赛结束，勇士队已经创造了 NBA 历史上最好的三年战绩。你也许会认为这是一件值得庆贺的大事，但全队上下都知道他们的真正目标只有一个，那就是赢得总冠军。几个星期后，他们在三轮季后赛中又以三个 4∶0 完胜对手，创造了有史以来最好的季后赛开局纪录。你可能认为他们这一次会庆祝，但球队知道自己的工作仍没有结束，直到 6 月中旬他们击败克利夫兰骑士队夺得冠军奖杯，他们才觉得一年前设定的目标终于达成。

忠于工作的极致莫过于此。

4. 忠于企业

大多数 NBA 球队的球员在非工作时恐怕不会思考"企业精神"的事，但勇士队的富翁球星们对"企业"的态度却能够达到任何首席执行官的

225

期望。

2015—2016 赛季总决赛，金州勇士队在最后一场铩羽而归。许多高薪员工可能会选择在暑假达成个人成就并赚取报酬。然而球队的 5 名球员却利用 7 月 4 日假期在纽约汉普顿斯租下一所房子，与联赛中最好的球星之一凯文·杜兰特共度周末。杜兰特与俄克拉荷马城雷霆队（Oklahoma City Thunder）的合同刚刚到期并成为自由球员，这意味着他有资格加入任何球队。许多队伍都向他抛出了橄榄枝。

整个周末，勇士队的球员和一些高级教练都在游说杜兰特。他们谈到了球队的伟大之处，其他球员愿意牺牲一些关注度和统计数据，并主动减薪吸引他加盟，以帮助球队取得更大的成功。最终杜兰特确实选择了勇士，接着他们便创造了历史。他在 2016—2017 赛季为球队做出了极大贡献，并凭借总决赛中的出色表现赢得了最有价值球员奖。

有多少人在自己的企业中能看到如此程度的合作？

团队工具

凯文·杜兰特透露，2016 年夏天他决定加盟金州勇士帮队是因为他被球队的集体头脑和集体灵魂所打动："我就是在寻找那样的能量，而我从一开始就在这里体会到了。"杜兰特说："这是一种非常纯粹、令我无法忽视的感受，我想成为其中的一员。"他指的不是球队在最佳状态下的比赛风格，而是他们团结一心、共同努力，最终取得卓越成果的方式。

企业实践

培养合作精神的一大要素是企业通过财政激励来推进员工从追求个人成就向合作转变。金州勇士队动员并奖励安德烈·伊戈达拉（Andre Iguodala）就是一个很好的范例。来到金州勇士队之前的 4 年里，伊戈达拉场均得到 14.3 分和 5.9 个篮板。根据这些统计数据，金州勇士队每年支付他的薪金约为 1200 万美元。而他在金州勇士的 4 年中，场均只能得到 7.9 分（下降 45%）和 4.0 个篮板（下降 33%）。

在许多企业中，工作表现明显下滑的员工不会得到奖励，但在 2017 年 7 月，金州勇士队为伊戈达拉提供了一份新的 3 年合同，把他的底薪提高了 33%，达到 1600 万美元。这是因为过去几年里，勇士队要求伊戈达拉牺牲首发位置和上场时间，作为替补球员加强板凳深度。他还需要在常规赛中保存实力，以便在重要的季后赛中有足够精力去防守克利夫兰骑士队的勒布朗·詹姆斯（LeBron James）和圣安东尼奥马刺队（San Antonio Spurs）的科怀·伦纳德（Kawhi Leonard）这些对方最好的球星。勇士队为伊戈达拉加薪并不是因为他的统计数据有多么出色，而是基于他与其他球员的默契配合，最终帮助球队获胜。

培养合作精神的另一项要素是企业的管理实践。球员们尊称主教练史蒂夫·科尔为"教练"，他也备受球队老板和经理、NBA 联盟的同事及广大球迷的尊重。科尔在过去两年中一直饱受背部疼痛的折磨。在 2017 年季后赛中的一段时间，他的症状曾变得非常严重，以至于不得不缺席 11 场关键比赛。

总经理鲍勃·迈尔斯在宣布科尔重返总决赛第二场比赛时，用 7 个字表达了许多人的真挚感情："我无条件支持他。"当晚到场观战的球迷纷纷起立欢迎他回归，这让科尔感到很意外，而他也用实际行动回应了大家的期待。

科尔不仅会公开力挺在法庭上遭受不公正待遇的球员，在平时的生活中他也常常支持那些受到不公平对待的人。作为一位体育界的领袖，"在这个国家历史上最两极分化的时代，科尔敢于就社会问题仗义执言，发挥领导作用"。球员们对此也大加赞赏。杜兰特最近表示："他完全清楚自己在说什么。他对于一些话题和社会问题有着非常深刻的认识和见解。"

不管是队内的私人谈话还是接受媒体采访，科尔都从不避讳谈论敏感话题。在过去一年里，科尔曾就枪支管制、科林·凯佩尼克（Colin Kaepernick）的抵制国歌活动、医用大麻、唐纳德·特朗普（Donald Trump）总统的言论，以及最近特朗普对 7 个穆斯林占多数的国家实施旅行禁令等问题公开发表看法。

所有这些因素结合在一起创造出了一种合作精神，它既是帮助金州勇士队脱颖而出的重要特质，也象征了硅谷合作模式的真谛。

金州勇士队为何能培养出这样的合作精神？因为合作的理念已经牢牢扎根于球队的日常管理行为中了；因为球员的个人价值观也引导他们相互支持而非仅仅提高自己的数据；因为球队还对社区和需要帮助的人做出了承诺……正是所有这些因素整合在一起，才造就了金州勇士队独一无二的合作精神。

任何企业都可以创造属于自己的合作精神。

▶ **实践应用**

你的企业是否有自己的合作精神？如果有，请花点时间来描述一下。如果没有，那么是否存在一个核心理念，可以帮助你的企业塑造独特而鼓舞人心的合作精神？

何谓"秘诀"

无论是金州勇士队，还是在第四章中重点探讨的超凡软件公司，又或是任何其他具有合作精神的企业，它们创造独特合作精神的秘诀都值得我们深入探究。你已经看过硅谷企业领导者的访谈了，那么现在我们不妨来思考一个关乎人性的真相：为什么人们要以促进或抑制合作的方式开展工作？

大多数人的一个共同特点就是喜欢群体性的生活和工作。然而，这只是一个方面。一旦进入某个群体，我们就会开始观察他人，确定他们是否在我们的群体中。如果是，他人就成为"我们"中的一员；如果不是，他人就成为"他们"中的一员。

专家们对这种现象进行了长期研究并得出结论：这是人类的一种天性，当我们遇到陌生人时，通过寻找线索可以帮助我们确定对方是否属于我们自己的群体或圈子。

这种对他人进行分类的过程几乎都是在无意识中发生的，然而一旦发生，它就会对我们看待和对待他人的方式产生巨大影响。当我们将他人视为"我们中的一员"时，就会跟他们产生情感上的联系。比起那些没有自动信任的人，我们会优先选择自己群体中的人。

有时，"我们"或"他们"的定义是看双方是否有共同的价值观和目标。此外，它也可能基于一些更加微观的因素，例如双方是否有共同的宗教信仰、母校、职业、从小长大的城市等。这种判断甚至还可以由隐藏因素决定：这个人看起来长得像我吗？我们是同一性别、同一种族吗？我们说的是同一种语言吗？

有趣的是，即使缺乏对他人的了解，有时我们仍然会根据非常荒谬的因素对他人进行分类。一项研究发现："就算只是把人随意分成不同的社会类别，如对方更喜欢两位现代画家中的某一个，也足以引起群体内的认同、偏见和某种程度的偏袒了。"既然如此微不足道的分类都能够唤起忠诚意识，那么强烈的情感纽带或工作方式上的本质差异又会产生怎样的结果？员工可能会非常忠于团队设计产品的某种特定方式，也可能会认定自己应当比其他参与项目并具有同等知识的人享有更大的决策权。

这看起来或许令人气馁。如果我们只认同一个主要群体，并将剩余的人全都划分为"他们"，那么结果确实如此，但好消息是这种分类方法并非是唯一的。早在20世纪30年代，人类学家玛格丽特·米德（Margaret Mead）就发现我们每个人都存在一个"自我议会"（parliament of selves）。经验和社会科学也已证实，每个人都有多重身份的概念。例如，美国参议员林登·约翰逊（Lyndon Johnson）就曾经形容自己是"一名自由人、美国人、美国参议员、民主党人、自由主义者、保守主义者、德克萨斯人、纳税人和一个牧场主，不像过去那样年轻，却也不如预期的那么老。"

如果团队将其他部门的员工也看作自己圈子的一部分，就更有可能与他们开展有效合作。举个例子，萨莉·史密斯（Sally Smith）是一名工程师，她可能会把自己视为企业新款数码相机开发项目团队的一员，同时也是休假政策修订项目团队的一分子，此外，她还是企业资深员工群体中的一员（以及一位出生于美国中西部的 30 多岁女性、妻子和母亲等）。

一旦员工对某个小团队（如工程部门的同僚）产生过强的认同感，就会变得盲目，无法意识到自己正与运营和财务部门的同事身处"一个团队"，共同合作开发新款数码相机。如果员工在认同工程部门并将其看作一个团队的同时，对开发数码相机的大型项目团队也抱有同等程度的认可，那么所有成员都会成为"我们"的一部分。同理，只要负责休假政策修订的成员也对团队产生认同，那么萨莉和其他员工也会感受到如相机开发团队一般的归属感。

意识到自己的多重身份后，我们就能够与更多人建立联系并更有效地开展合作。

要确保个人和团队建立多种积极身份，纠正"我们"与"他们"的狭隘对立观念，企业管理层必须发挥积极作用。在工作中帮助员工建立多种身份相对简单，我们需要寻找机会激励员工，使他们感受到自己与所有工作团队乃至整个企业都紧密相连，并让他们意识到团队成员具有流动性，会根据项目的完成情况进行变更。

▶ **实践应用**

你企业的领导者是否意识到追求认同的"我们"企业文化非常容易培养？你的企业能否帮助员工同时建立多个团队成员的身份？尝试做一个实验：在接下来的一到两周内，注意员工在谈论其他团队的成员时是否经常使用"我们"或"他们"等词语，还要注意员工在谈论自己团队的成员时是否也使用这些人称代词。如果你的企业和大多数其他企业一样，你会发现人们把自己的团队称为"我们"，将其他团队称作"他们"。这个实验可以为你和企业领导者提供下一步工作的线索，帮助你的企业创造出"我们"文化。

最后一章将对本书中的所有要点进行归纳总结，并回顾你在工作簿中记录的实践应用。你可以将自己的所见所学融会贯通，并切实运用到企业的改革中去。

第十四章

结束是新的开始

THE
POWER
OF
COLLABORATION

读到这里，你应该已经清楚，个人、团队和整个企业都能在合作中获益良多。威瑞森总裁鲍勃·穆奇（Bob Mudge）也总结说："合作不再仅仅是一种策略，它已成了企业获得长期成功并保持竞争力的关键所在。越早意识到这一点，企业就越能够在市场中抢占先机。"

许多合作成果都能被量化。据报道，加州芯片制造商赛灵思（Xilinx）的工程师最近"使用鼓励同事间合作的工具后，生产效率提高了 25%"。其他定量和定性案例也不胜枚举，不少例子更贯穿全书。

你已经阅读了合作对于硅谷企业、员工和客户产生巨大影响的故事。书中也提到一些企业因其整体合作模式及树立了符合自身企业文化的独特合作精神而受到赞誉。

现在该轮到你亲身实践了。

用故事描绘你所在企业的合作情况

请把所学所记全部整理起来，创造一个描述你所在企业合作状况的故事。其目的是建立一份报告，你可以参考它与企业中的其他人进行合作。你可以用自己喜爱的格式和最恰当的方式编写故事，当然你也不必花数周时间反复润色。完成后，请把你的感想整合成一份清单，列出企业目前的优势和仍然存在的不足之处。

拿着故事去和你的经理谈谈企业在合作方面的优势及改进缺陷的可能性。积极地发起对话，并看看经理是否认同你的观点，又是否与你一样满怀推行改革的热情。如果得到了肯定的答案，那么你就可以接着思考应当如何帮助企业营造一个有利于员工团结一致的环境。

下面我总结了一些建议你在阅读本书时所做的思考和实践，并归纳了每项实践活动的相关重要问题。为了方便你回溯各项实践的原文内容，我会在括号中列出对应的章节号。

你可以用这份要点提纲来提醒自己加深对企业认识的问题。你的报告中应当涵盖这些要点，通过将它们串联起来，创造一个关于你企业员工合作现状的故事。

▶ **定义合作（第一章）**。在阅读本书之前，你对合作的定义是什么？而在知晓了硅谷企业领导者们分享的定义以及本书对合作的定义之后，你现在对合作的定义是否产生了变化？

▶ **你所在企业对合作的定义（第一章）**。我建议你询问 5 位同事，看看他们如何定义合作。他们的回答有何特点？你的企业是否鼓励或限制有效的合作？你可以列出 5 个答案中的一些重点。将他人的观点也囊括在内，能够让你的报告更具说服力。如果你尚未完成这项调研，现在还为时不晚。

▶ **你的企业何时、何地、如何开展合作（第一章）**？企业是否会召集不同领域的员工，协同完成客户产品的开发、设计和交付工作？员工们能否将自己的专业知识整合起来，提出最佳的方案？同事们是否会聚在一起集思广益？是否存在某些团队比其他团队合作更默契的情况？

▶ **合作对你的企业有多重要（第一章）？**你是否相信企业的员工像硅谷企业领导者们那样将合作视为成功的关键要素？

—— 其他员工是否也认为合作对于企业的成功至关重要？5 位同事的回答有何共性？从他们的答案中能看出哪些隐含意义？

▶ **哪种类型的合作在你的企业最常见（第一章）？**

—— 你的企业属于哪种行业？是高度管控、中度管控还是低管控的？

—— 三种主要的合作方式：（1）挑选一些员工合作完成特定任务；（2）经过特别协调的团队完成重大项目；（3）鼓励所有员工与他人适时开展合作。你的企业是否采用这三种合作方式？其中是否存在偏好？

—— 如果只使用一种或两种合作方式，是否会对你的企业产生负面影响？为什么？

▶ **合作者的 6 大特征（第二章）：**（1）有取得成功的动力；（2）希望做出有意义的贡献；（3）坚持不懈；（4）接受差异；（5）渴望坦诚沟通；（6）认清企业目标。

—— 你所在的企业的员工是否具有这 6 大特征？

—— 你的企业在招聘和提拔员工时是否会考察这些特征？你的企业是否会针对这些领域开展培训？你知道这样做的价值吗？

▶ **合作者的 5 大核心理念（第二章）：**（1）有些项目需要依靠他人的帮助；（2）团队成功与个人工作所获得的成就感不同；（3）合作的一项重要益处在于获得向他人学习的机会；（4）合作的另一项重要益处在于教导他人；

（5）合作等于建立人际网络。

——这5条核心理念在你的企业中是否具有代表性？这个问题的答案可以反映出企业的员工是否已经准备好开展有效合作。

▶ **成功合作的3个故事（第三章）**：我讲述了3个有关企业合作的故事：（1）改变产品交付客户的方式；（2）基层产品开发；（3）改变工作方式。

——这些故事能否为你企业的改革带来启迪？例如，领导者是否应对员工进行详细的背景说明，以便他们理解和接受企业的战略、方针和决策？员工是否可以探究并提出新的思路？企业内部进行重大改革的流程又是怎样的？

▶ **硅谷合作模式（第四章）**：简而言之，硅谷合作模式是一整套培养企业文化的理念和实践，它鼓励员工在能够取得更好成果时相互开展合作。

——你的企业在工作中会运用哪些硅谷合作模式的内容？你们在哪些方面取得了显著的成效？你认为推行何种改革措施能够更有效地帮助企业实践硅谷合作模式？超凡软件的故事是否能为你的企业提供新的运营思路？

▶ **个人技能（第五、第六、第七章）**：4种个人技能是，忠于自己；忠于他人；忠于工作；忠于企业。

——你企业的员工是否会运用上述4种技能？有没有哪一种或两种技能更受重视？员工在设法解决困难工作时，是否会综合考虑这4个方面？

——你的企业能够通过哪些手段进一步鼓励员工掌握这4种个人技能？

▶ **"敏捷"（第八章）**：一种指导和管理团队项目的通用流程。

——你的企业是否存在一套通用的项目管理方法，让团队可以按需定制并以此来指导他们的项目？它的实际效果如何？书中有关"敏捷"的信息能否帮助你完善企业当前的流程？你是否考虑过在企业中推行此类流程？

▶ **帮助团队更有效开展工作的关键工具（第九章）**：我们分享了多种团队工具，包括：（1）提升员工的互信与尊重；（2）清晰而准确地订立话题框架；（3）情景规划。

—— 你的企业是否会帮助员工加深对彼此的了解，从而建立互信的纽带？有哪些方面可以进一步提高？闪迪的企业模型是否适用于你的企业？

—— 你企业的员工会订立适当的话题框架吗？本章中的技能和技巧对于你能否起到借鉴作用？

—— 情景规划是否能帮助你们更好地探讨关于未来不确定性的话题？

▶ **管理实践（第十章）**：人员管理实践对合作的有效开展有着深远的影响。本章包含以下几方面的内容：（1）能对合作产生意料之外影响的战略业务决策；（2）管理哲学；（3）价值观；（4）美好愿景；（5）管理实践；（6）纠正性实践；（7）共同目标；（8）企业结构；（9）高层领导如何进行合作。

—— 你的企业是否存在某种程度上行得通，但不利于合作取得成功的战略或实践？如果存在，领导者是否意识到这些实践会对合作产生负面影响？

—— 在这些硅谷企业的管理哲学、价值观、实践、人员管理策略和纠正性实践范例中，有哪一项让你印象深刻、可以帮助你的企业深化合作？

—— 在你的企业中，那些经常开展合作的团队是否有共同目标？

—— 企业结构在哪些方面能够为员工之间的相互合作创造有利条件？在哪些方面又会起到阻碍作用？

—— 企业的高层领导者们能否通过自身的有效合作为下属员工做出表率？

▶ **员工激励（第十一章）**：通过财政激励手段对那些专注于提升工作表现的员工进行奖励。

　　—— 你企业的激励机制是否鼓励员工努力工作并取得杰出的成果？

　　—— 企业的薪酬、奖金及其他金钱和非金钱奖励是否能够促进合作？

　　—— 当前的激励机制在创造推崇合作的企业文化方面还存在哪些短板？

　　▶ **相互接触推动合作（第十二章）：** 员工需要相互接触。本章内容包括：（1）设计物理办公空间；（2）鼓励不同地理位置的员工开展合作；（3）远程办公。

　　—— 你的企业的物理空间能否最大限度地提高工作效率和舒适度？这些空间是否有助于员工开展有效合作？硅谷企业的经验是否对你的企业有所启发？在设计团队办公区域时，你们是否会听取当事人的意见？

　　—— 你的企业是否存在员工身处不同地理位置，但需要协同工作的情况？领导者们对此是否有足够的认识，并设法帮助员工开展跨地域合作？他们还可以采取哪些其他手段？

　　—— 你的企业是否允许员工在家办公？他们在家办公时能否与其他人进行合作？如果修改现行的办公政策，你认为企业能从中获益吗？

　　▶ **合作精神（第十三章）：** 那些最为成功的企业如何创造出能够体现企业文化的独特合作精神？

　　—— 你的企业是否拥有合作精神？如果有，请简要描述一下；如果没有，你能否提出一些思路，帮助企业培养自己的合作精神？

　　—— 你企业的领导者们是否帮助员工同时兼顾多个团队的工作？你是否尝试过书中建议的"我们"与"他们"的实验？结果如何？

　　请花些时间归纳并整合你对这些问题的回答。总结你在阅读时注意到的关键主题。你的企业在哪些方面做得很到位？还存在什么不足之处？确保你所创建的文件内容能够尽可能中立而准确地反映企业的实际情况。

下一步就是与你的经理面谈。如果你们都愿意与企业的领导者们探讨如何促进合作的议题，那么我建议你在对话前多进行一项准备工作，它可以让你的故事更具说服力：召集其他有强化合作意愿的员工组成工作小组，并请他们阅读本书。接着将所有人的观点汇总成一份综合报告呈交给企业领导层。如果来自不同团队和阶层的多位员工能够分别提出自己的观点，这份报告就能更令人信服。

如果你在编写故事的过程中需要任何帮助，请随时联系我的咨询公司：关键变革有限责任公司（Critical Change LLC）。

此外，你也可以在员工中开展调查，广泛收集有关当前企业文化的反馈信息。以下这份调查表可供你参考。

评估企业合作情况的员工调查

本调查可以由员工单独使用，帮助他们阐述对企业当前合作状况的看法。团队的全体成员也可以共同利用本调查来评估团队内部或整个企业的合作情况。如果所有员工都能完成这项调查，你就可以从中了解到企业合作文化的全貌。

1. 调查指南

本调查中的一些问题需要你根据自己的观点进行评分，也有一些问题需要你根据绝大多数员工的意见或企业的整体观点进行评分。我们明白你无法知晓他人的想法，因此你只需依照自己对其他员工或企业观点的理解回答即可。

请用 5 分制进行评分：1 = 几乎从不这么认为；2 = 较少这么认为；3 = 有时这么认为；4 = 经常这么认为；5 = 几乎总是这么认为。

请在一张单独的答案纸上对以下 64 个问题进行作答，并注明问题的小节和序号。

（1）忠于自己：

①我能意识到自己的价值观，并在工作中践行它们。

②目前的岗位能够帮助我实现自己的职业目标。

③我可以表达自己的观点，也有人会倾听并加以考虑。

④我清楚自己的情感会对行为产生何种影响。

⑤我会在恰当的时机通过合理的方法抒发自己的感受。

⑥我能够管控自己的情绪，不被它们左右。

（2）忠于他人：

⑦我与企业的其他员工有很多共同点。

⑧我希望能理解他人的感受。

⑨企业鼓励我们帮助他人。

⑩我们将意见分歧视作一次发掘不同观点的机会，对事不对人。

⑪企业的员工会跳出自己的工作范畴，帮助他人一同完成工作。

⑫员工们都能出色地完成工作。

（3）忠于工作：

⑬我们会将项目中的问题视作自己的问题。

⑭员工们通过学习和善用知识来创造更好的工作方法。

⑮我们时常会采纳他人分享的新点子。

⑯我们懂得客户的需求。

⑰我们很灵活，愿意去适应新的状况。

⑱企业的信息来自合理的渠道，而非小道消息。

⑲我的团队能够与一同工作的其他人建立良好的互动。

⑳我们能够根据优先目标来判断什么是最关键的决策。

㉑决策的负责人分工明确。

㉒我们知道哪些人需要通过紧密协作来达成优先目标。

（4）忠于企业：

㉓我明白自己的工作可以怎样帮助企业实现目标。

㉔企业的发展对我而言非常重要。

㉕员工们会自豪地告诉他人自己在为这家企业工作。

㉖员工们愿意追随企业的发展方向和战略。

㉗如果员工必须在服务工作团队和服务企业的整体利益之中做出抉择，他们会选择服务于企业的整体利益。

㉘员工们愿意去适应不断变化的工作环境。

㉙领导者们会分享机密信息，并以此展现他们对我们的信任。

（5）团队工具方面：

㉚员工们会公开分享信息。

㉛我们重视倾听他人的观点。

㉜我们鼓励员工彼此开诚布公地交流自己的想法。

㉝不同的意见能够帮助我们挖掘新的观点并做出更好的决策。

㉞我们仔细聆听他人的发言。

㉟我们拥有能够提高工作效率的流程和工具。

㊱我们运用一套有效的通用流程来指导项目工作。

㊲开展合作的团队都能明确各自的职责和任务。

（6）管理实践：

㊳管理者会帮助我们认清企业面临的关键业务挑战。

㊴管理层信任员工并分享相关的信息和看法。

㊵员工们会参与相关工作领域的众多决策事宜，或为其建言献策。

㊶企业管理层开展团队合作。

㊷管理人员鼓励员工进行合作。

㊸管理层会与非管理岗位的员工搭档工作。

㊹我们经常收到工作方面的适当反馈。

㊺管理人员会合理应对员工表现不佳的情况。

㊻我们的团队与一同工作的其他团队享有共同的目标与衡量成功的标准。

㊼我们相信管理层秉持公平公正的原则。

（7）员工激励：

㊽我清楚我的经理衡量工作表现的标准是什么。

㊾企业会奖励工作表现出色的员工。

㊿员工的薪酬中有一部分取决于他们开展合作的情况。

51员工的薪酬由其所在团队和其他相关团队的表现共同决定。

㉒最近 90 天内我曾因出色的工作表现获得了肯定或称赞。

㉓我的薪水能够真实反映出我在工作中的努力程度。

㉔企业会公正地提拔员工。

（8）相互接触：

㉕有需要时，我很容易找到其他人并与之开展合作。

㉖企业的技术工具让我很容易与其他身处不同地点的人进行合作。

㉗企业的物理空间很舒适，也让我们愿意花时间在这里把工作做好。

㉘企业有适当的在家办公政策。

（9）其他：

㉙员工们会兼任主要工作团队和多个其他团队的成员。

㉚由谁提出观点并不重要，关键是筛选最合适的观点。

㉛我是企业的重要一员。

㉜员工会在最合适的岗位上完成相应的工作。

㉝我们的工作非常重要。

㉞企业拥有一种合作精神。

2. 最终评分

检查你对这 64 个问题的回答，并记录所有 4.0 分以下的条目。只要改善这些方面，就能够进一步巩固你所在企业的合作文化。

现在整理你在每个小节的答案。

▶ 将第 1 小节的所有评分相加再除以 6，便能得到你在这一小节的平均分。请将其记在答案纸上。

▶ 将第 2 小节的所有评分相加再除以 6，便能得到你在这一小节的平均分。请将其记在答案纸上。

▶ 将第 3 小节的所有评分相加再除以 10，便能得到你在这一小节的平均分。请将其记在答案纸上。

▶ 将第 4 小节的所有评分相加再除以 7，便能得到你在这一小节的平均分。请将其记在答案纸上。

▶ 将第 5 小节的所有评分相加再除以 8，便能得到你在这一小节的平均分。请将其记在答案纸上。

▶ 将第 6 小节的所有评分相加再除以 10，便能得到你在这一小节的平均分。请将其记在答案纸上。

▶ 将第 7 小节的所有评分相加再除以 7，便能得到你在这一小节的平均分。请将其记在答案纸上。

▶ 将第 8 小节的所有评分相加再除以 4，便能得到你在这一小节的平均分。请将其记在答案纸上。

▶ 将第 9 小节的所有评分相加再除以 6，便能得到你在这一小节的平均分。请将其记在答案纸上。

记录所有平均分低于 4.0 分的小节。要想改善企业合作，这些方面也是很好的切入点。针对低于 4.0 分的条目开展工作可能意味着需要在相关领域进行改革，企业领导者可能也需要向员工进一步解释在此时此地以此种方式推动改革有着怎样的必要性（这正是背景说明的意义所在）。

我们的旅途到此告一段落，但你自己的全新征程才刚刚起步。我衷心希望你能够帮助企业继续成长，凭借员工们的通力合作，共创更加美好的未来。

　　相信自己，你能够为企业带来质变，也定会乐在其中。现在你已经有了帮助企业开展别样合作的资本，你们同样有能力成为下一个"谷歌"式的杰出企业，或金州勇士队那样的冠军团队！无论你的企业拥有怎样的目标，我都会支持并祝愿你们马到成功。

致 谢

THE
POWER
OF
COLLABORATION

尽管我是唯一作者，但本书的出版离不开相关人士的通力合作。

首先，请允许我对 28 位硅谷企业的领导者致以最真挚的谢意，他们在百忙之中仍然慷慨分享了自己的真知灼见，这种合作的精神与我们所讨论的话题不谋而合。正是有了他们的贡献，才使本书的内容如此充实。

接着，我要特别感谢两位以实际行动阐释合作意义的人士：微软（Microsoft）的麦克·格拉斯（Mike Glass）和优秀人力资源集团（Merit Resource Group）的安妮·豪斯勒（Anne Hausler）。他们主动"更进一步"，充分利用自身的人脉，帮助我联系到了一些愿意接受采访，并对合作有着独到见解的硅谷企业领导者。对此我深表感激。

此外，我还要单独感谢其他几位同事和朋友。知名作家露丝·内森（Ruth Nathan）协助我在实践过程中将宽泛的理论推演成了实际可行的概念；专业顾问盖尔·芬格（Gail Finger）与我一同对书中的理念和构思进行了初步试验；约翰·米奇利（John Midgely）从前卫派企业领导者的角度出发，提供了宝贵的观点；艾琳·佐诺（Eileen Zornow）将我的观点融合并提炼绘制成插图，让我的叙述更加栩栩如生；顾问查克·福里登伯格（Chuck Freedenberg）已与我共事多年，他对本书草稿内容的见解帮助我理清了思路；我的经纪人玛丽莲·艾伦（Marilyn Allen）则迅速找到了一家愿意合作的出版社，这令我喜出望外。此外，也要感谢职业出版社对本书内容的充分认同以及他们在出版方面付出的所有努力。

编者罗莎琳德·沃伦（Rosalind Warren）是一位出色的资深作者和编辑，当然这样的称赞远不足以概括她在本书著作过程中所作的突出贡献。

不同于罗莎琳德从专业角度为我带来帮助，我的丈夫克雷格·斯皮策（Craig Spitzer）则以个人身份为我提供了莫大的支持。在我签下写作协议时，他甚至比我更清楚将会有怎样的挑战在等着我，但他或许没有料到，自己的生活也会随之受到巨大影响。尽管本书只是我个人的梦想，但他仍愿意全程陪伴在我身边。不仅如此，他还主动参与，甚至主导了写作的各个环节。例如，克雷格不仅运用丰富的创造力帮助我将概念进一步转化为了更加精练的模型，还凭借高超的文笔功底对我的书稿进行了校改润色。此类种种，不胜枚举。

对于其他因篇幅所限，未能一一列出姓名的人士，我在此一并予以感谢，并望海涵。

图书在版编目（CIP）数据

合作的力量：打造高效能团队 / （美）西娅·辛格·
斯皮策著；范曦翌译 . —杭州：浙江大学出版社，2019.5
书名原文：The Power of Collaboration
ISBN 978-7-308-19009-1

Ⅰ.①合… Ⅱ.①西… ②范… Ⅲ.①企业管理—组
织管理学 Ⅳ.①F272.9

中国版本图书馆 CIP 数据核字 (2019) 第 043829 号

合作的力量：打造高效能团队

[美] 西娅·辛格·斯皮策　著　范曦翌　译

责任编辑	杨　茜
责任校对	程曼漫　杨利军
封面设计	VIOLET
出版发行	浙江大学出版社
	（杭州市天目山路 148 号　邮政编码 310007）
	（网址：http://www.zjupress.com）
排　版	杭州中大图文设计有限公司
印　刷	杭州钱江彩色印务有限公司
开　本	710mm×1000mm　1/16
印　张	16
字　数	175 千
版 印 次	2019 年 5 月第 1 版　2019 年 5 月第 1 次印刷
书　号	ISBN 978-7-308-19009-1
定　价	49.00 元